Carambola tre sponde: Modelli diagonali da angoli ad angoli

Dai tornei di campionato professionale

Mettiti alla prova contro i giocatori professionisti

Allan P. Sand
PBIA Istruttore di biliardo certificate

ISBN 978-1-62505-307-7
PRINT 7x10

ISBN 978-1-62505-461-6
PRINT 8.5x11

First edition

Copyright © 2019 Allan P. Sand

All rights reserved under International and Pan-American Copyright Conventions.

Published by Billiard Gods Productions.
Santa Clara, CA 95051
U.S.A.

For the latest information about books and videos, go to: http://www.billiardgods.com

Acknowledgements

Wei Chao created the software that was used to create these graphics.

Sommario

Introduzione 1
Informazioni sui layout della tabella 1
Istruzioni per la configurazione della tabella 2
Scopo dei layout 2
A: Semplice diagonale 3
A: Gruppo 1 3
A: Gruppo 2 8
A: Gruppo 3 13
A: Gruppo 4 18
A: Gruppo 5 23
A: Gruppo 6 28
B: Semplice diagonale (modificato) 33
B: Gruppo 1 33
B: Gruppo 2 38
B: Gruppo 3 43
C: Diagonale parallela 48
C: Gruppo 1 48
C: Gruppo 2 53
C: Gruppo 3 58
C: Gruppo 4 63
C: Gruppo 5 68
D: Doppia diagonale 73
D: Gruppo 1 73
D: Gruppo 2 78
D: Gruppo 3 83
D: Gruppo 4 88
D: Gruppo 5 93
D: Gruppo 6 98
D: Gruppo 7 103
E: Doppia diagonale (modificata) 108
E: Gruppo 1 108
E: Gruppo 2 113
E: Gruppo 3 118
E: Gruppo 4 123
E: Gruppo 5 128
E: Gruppo 6 133
F: Tripla diagonale 138
F: Gruppo 1 138
F: Gruppo 2 143
F: Gruppo 3 148

Other books by the author …

- 3 Cushion Billiards Championship Shots (a series)
- Carom Billiards: Some Riddles & Puzzles
- Carom Billiards: MORE Riddles & Puzzles
- Why Pool Hustlers Win
- Table Map Library
- Safety Toolbox
- Cue Ball Control Cheat Sheets
- Advanced Cue Ball Control Self-Testing Program
- Drills & Exercises for Pool & Pocket Billiards
- The Art of War versus The Art of Pool
- The Psychology of Losing – Tricks, Traps & Sharks
- The Art of Team Coaching
- The Art of Personal Competition
- The Art of Politics & Campaigning
- The Art of Marketing & Promotion
- Kitchen God's Guide for Single Guys

Introduzione

Questo è uno di una serie di libri di carambola 3 sponde che mostrano come i giocatori professionisti prendono decisioni, in base alla disposizione della tabella. Tutti questi layout provengono da competizioni internazionali.

Questi layout ti mettono dentro la testa del giocatore, cominciando dalle posizioni delle palle (mostrate nella prima tabella). La seconda tabella mostra ciò che il giocatore ha deciso di fare.

Informazioni sui layout della tabella

Queste sono le tre palle sul tavolo:

Ⓐ (CB) (la tua palla da biliardo)

☉ (OB) (palla da biliardo dell'avversario)

● (OB) (palla da biliardo rossa)

Ogni configurazione ha due layout di tabella. La prima tabella è la posizione della palla. Il secondo tavolo è come le palle si muovono sul tavolo.

Istruzioni per la configurazione della tabella

Utilizzare anelli di rilegatura in carta per contrassegnare le posizioni della palla (acquistare presso qualsiasi negozio di forniture per ufficio).

Metti una moneta su ciascun cuscino del tavolo che la (CB) toccherà.

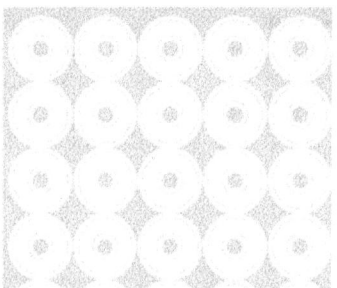

Confronta il tuo percorso (CB) con la configurazione della seconda tabella. Per imparare, potresti aver bisogno di diversi tentativi. Dopo ogni errore, effettuare la regolazione e riprovare finché non si ha successo.

Scopo dei layout

Questi layout sono forniti per due scopi.

- La tua analisi - A casa, puoi considerare come riprodurre la configurazione sul primo tavolo. Confronta le tue idee con il modello attuale sul secondo tavolo. Pensa alla tua soluzione e considera le opzioni. Dalla seconda tabella, puoi anche analizzare come seguire il modello. Mentalmente fai lo sparo e decidi come puoi avere successo.

- Esercitare la configurazione del tavolo - Posizionare le sfere in posizione, in base alla configurazione della prima tabella. Prova a scattare allo stesso modo del secondo modello di tavolo. Potresti aver bisogno di molti tentativi prima di trovare il modo corretto di giocare. È così che puoi imparare e giocare questi colpi durante le competizioni e i tornei.

La combinazione di analisi mentale e pratica pratica ti renderà un giocatore più intelligente.

A: Semplice diagonale

Questi sono un insieme di percorsi a sfera che viaggiano da un angolo verso l'angolo opposto. Il (CB) viaggia attraverso il tavolo da un angolo all'altro.

(A) (CB) (la tua palla) - (·) (OB) (palla dell'avversario) - ● (OB) (palla rossa)

A: Gruppo 1

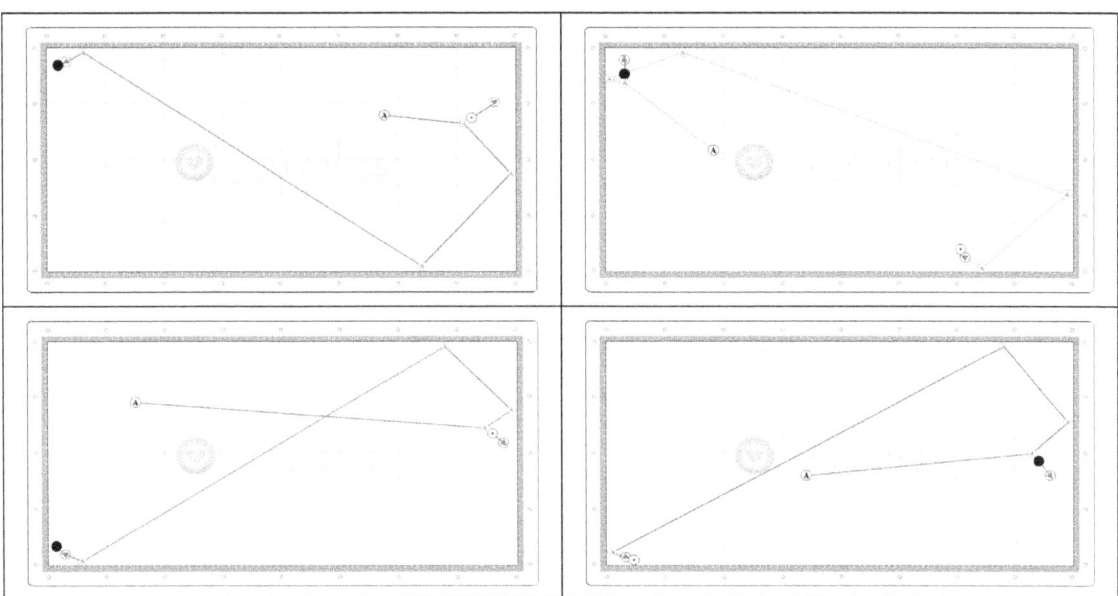

Analisi:

A:1a. _____

A:1b. _____

A:1c. _____

A:1d. _____

A:1a – Impostare

Note e idee:

Modello di colpo

A:1b – Impostare

Note e idee:

Modello di colpo

A:1c – Impostare

Note e idee:

Modello di colpo

A:1d – Impostare

Note e idee:

Modello di colpo

A: Gruppo 2

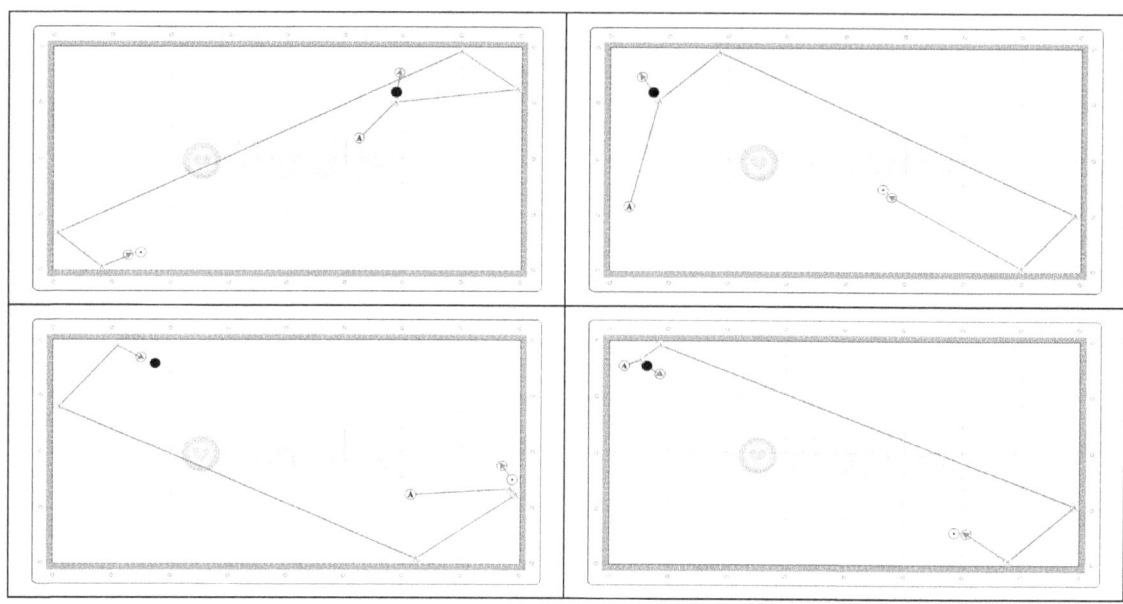

Analisi:

A:2a. _____

A:2b. _____

A:2c. _____

A:2d. _____

A:2a – Impostare

Note e idee:

Modello di colpo

A:2b – Impostare

Note e idee:

Modello di colpo

A:2c – Impostare

Note e idee:

Modello di colpo

A:2d – Impostare

Note e idee:

Modello di colpo

A: Gruppo 3

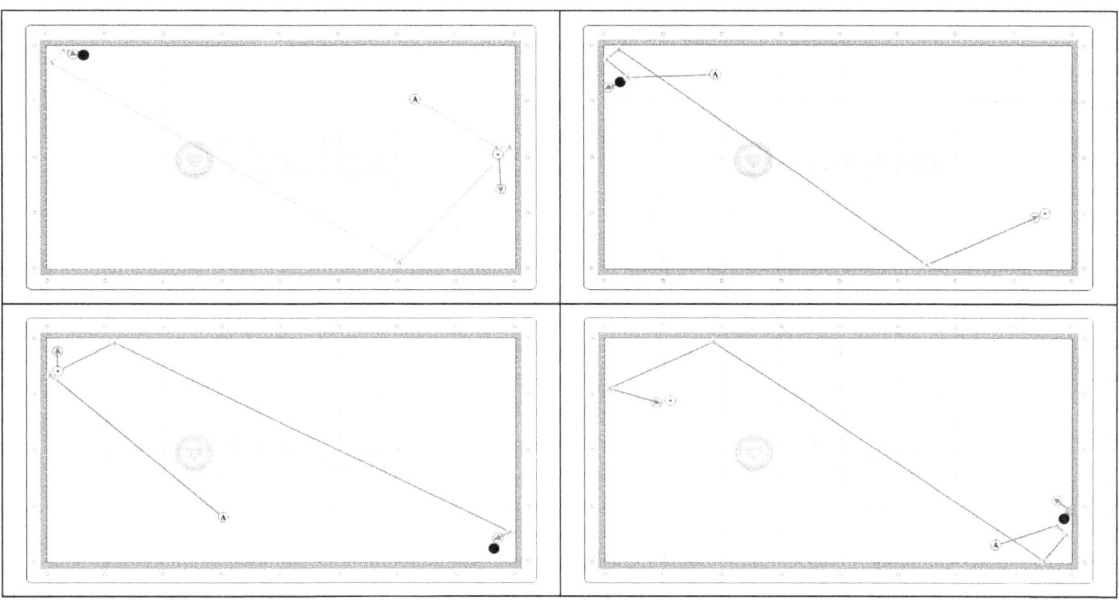

Analisi:

A:3a. _____

A:3b. _____

A:3c. _____

A:3d. _____

A:3a – Impostare

Note e idee:

Modello di colpo

A:3b – Impostare

Note e idee:

Modello di colpo

A:3c – Impostare

Note e idee:

Modello di colpo

A:3d – Impostare

Note e idee:

Modello di colpo

A: Gruppo 4

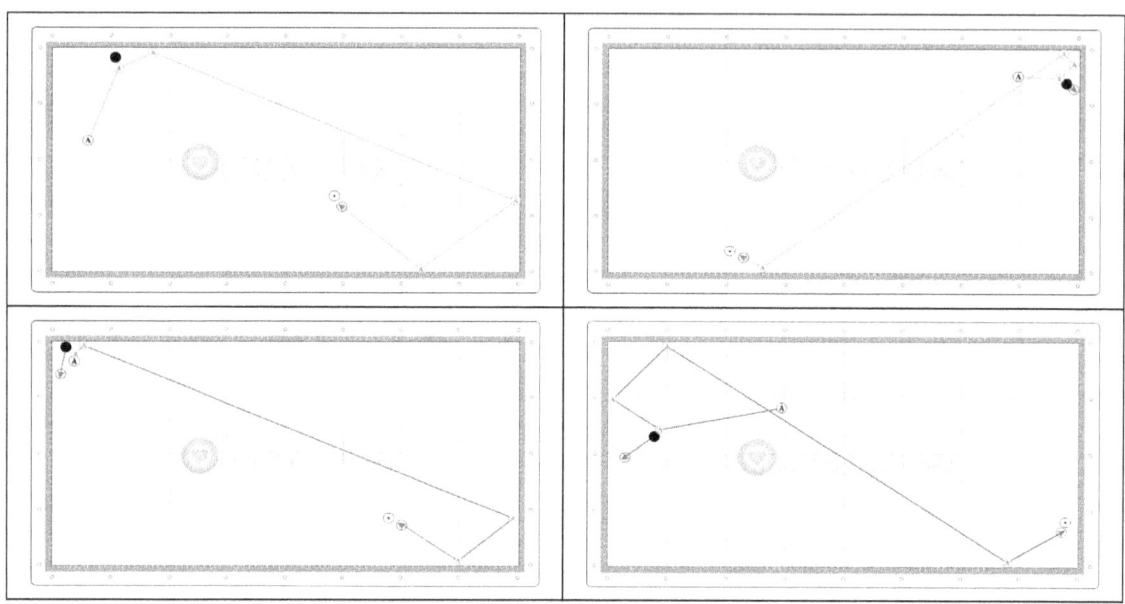

Analisi:

A:4a. _____

A:4b. _____

A:4c. _____

A:4d. _____

A:4a – Impostare

Note e idee:

Modello di colpo

A:4b – Impostare

Note e idee:

Modello di colpo

A:4c – Impostare

Note e idee:

Modello di colpo

A:4d – Impostare

Note e idee:

Modello di colpo

Carambola tre sponde: Modelli diagonali da angoli ad angoli

A: Gruppo 5

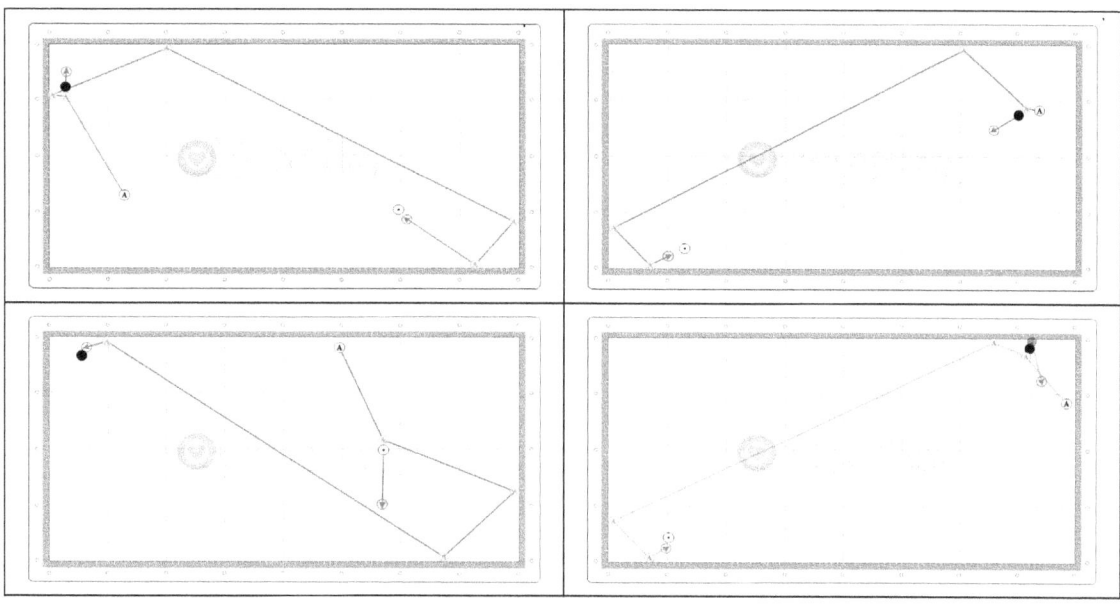

Analisi:

A:5a. _____

A:5b. _____

A:5c. _____

A:5d. _____

A:5a – Impostare

Note e idee:

Modello di colpo

A:5b – Impostare

Note e idee:

Modello di colpo

A:5c – Impostare

Note e idee:

Modello di colpo

A:5d – Impostare

Note e idee:

Modello di colpo

A: Gruppo 6

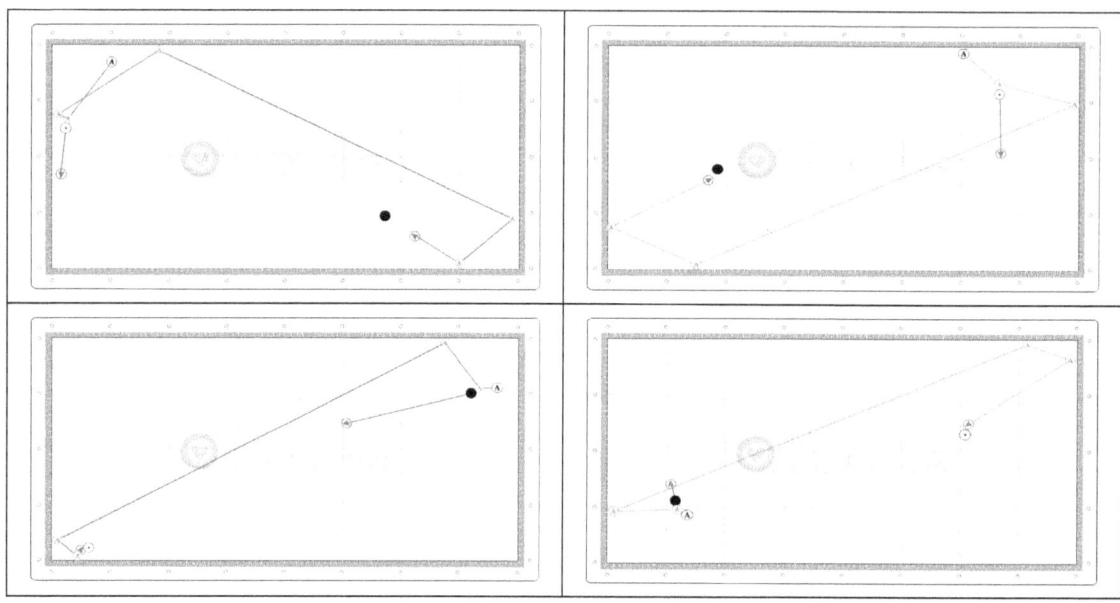

Analisi:

A:6a. _____

A:6b. _____

A:6c. _____

A:6d. _____

A:6a – Impostare

Note e idee:

Modello di colpo

A:6b – Impostare

Note e idee:

Modello di colpo

A:6c – Impostare

Note e idee:

Modello di colpo

A:6d – Impostare

Note e idee:

Modello di colpo

B: Semplice diagonale (modificato)

Su questi schemi, la palla viaggia su un angolo leggermente modificato per il percorso d'angolo. Queste soluzioni richiedono un gancio di ritorno prima che la sfera tocchi il secondo (OB) per il punto.

Ⓐ (CB) (la tua palla) - ⊙ (OB) (palla dell'avversario) - ● (OB) (palla rossa)

B: Gruppo 1

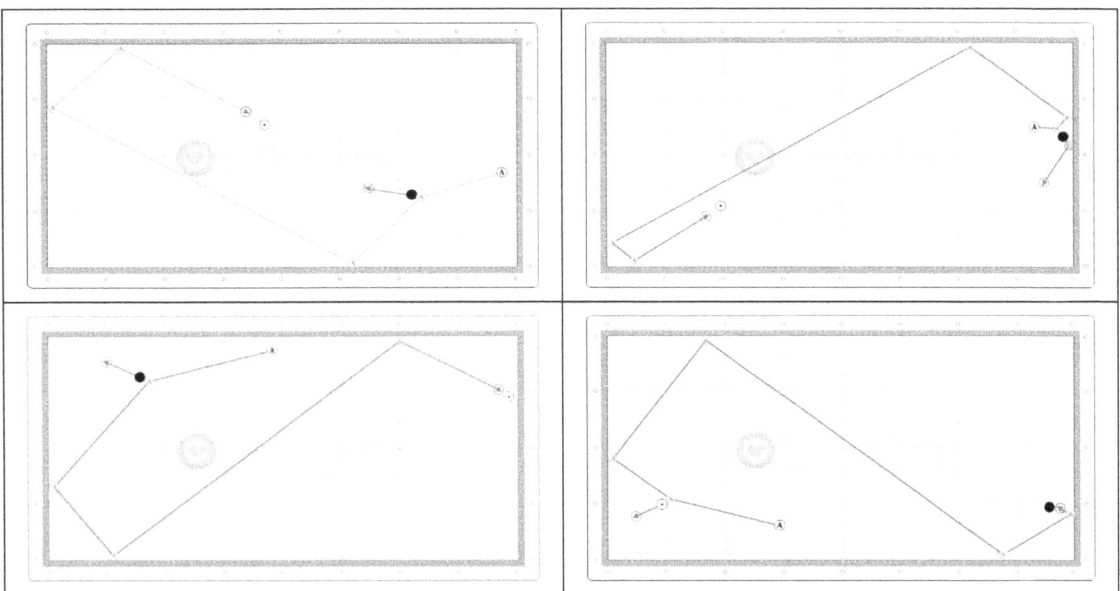

Analisi:

B:1a. _____

B:1b. _____

B:1c. _____

B:1d. _____

B:1a – Impostare

Note e idee:

Modello di colpo

B:1b – Impostare

Note e idee:

Modello di colpo

B:1c – Impostare

Note e idee:

Modello di colpo

B:1d – Impostare

Note e idee:

Modello di colpo

B: Gruppo 2

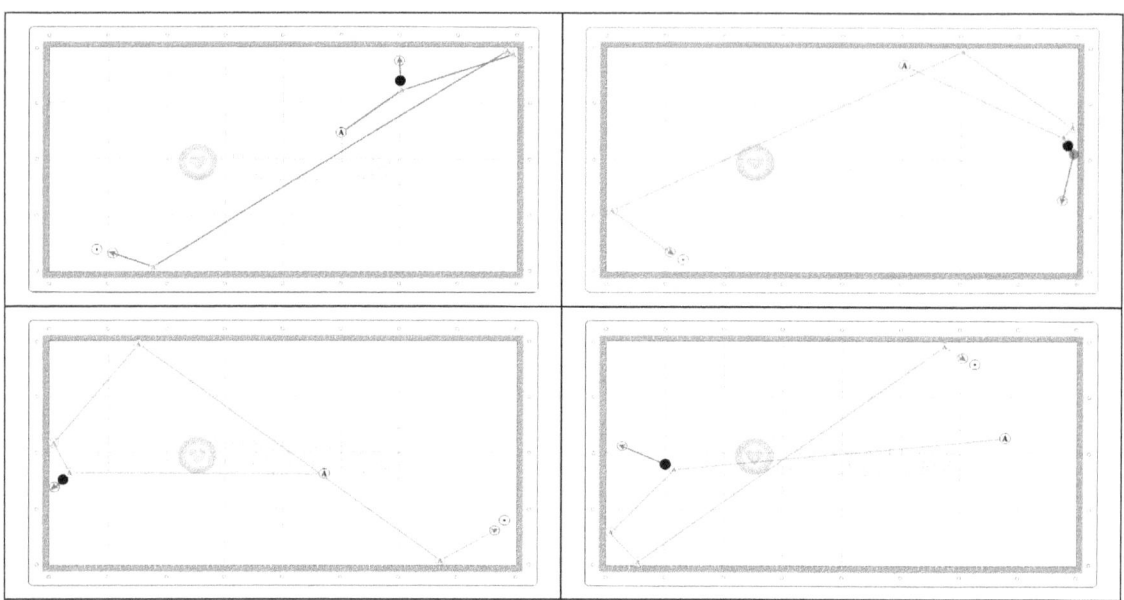

Analisi:

B:2a. _____

B:2b. _____

B:2c. _____

B:2d. _____

B:2a – Impostare

Note e idee:

Modello di colpo

B:2b – Impostare

Note e idee:

Modello di colpo

B:2c – Impostare

Note e idee:

Modello di colpo

B:2d – Impostare

Note e idee:

Modello di colpo

B: Gruppo 3

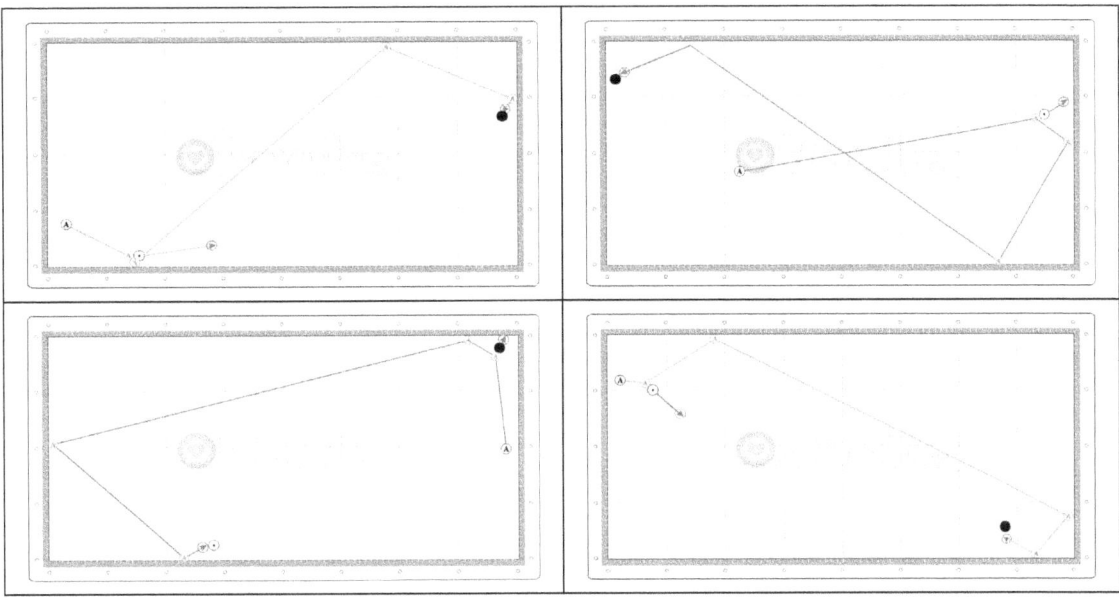

Analisi:

B:3a. _____

B:3b. _____

B:3c. _____

B:3d. _____

B:3a – Impostare

Note e idee:

Modello di colpo

B:3b – Impostare

Note e idee:

Modello di colpo

B:3c – Impostare

Note e idee:

Modello di colpo

B:3d – Impostare

Note e idee:

Modello di colpo

C: Diagonale parallela

Il (CB) si stacca dal primo (OB) e viaggia verso l'angolo opposto opposto per poi tornare indietro in un percorso parallelo indietro per entrare in contatto con l'altro (OB) e un punto.

(A) (CB) (la tua palla) - (·) (OB) (palla dell'avversario) - ● (OB) (palla rossa)

C: Gruppo 1

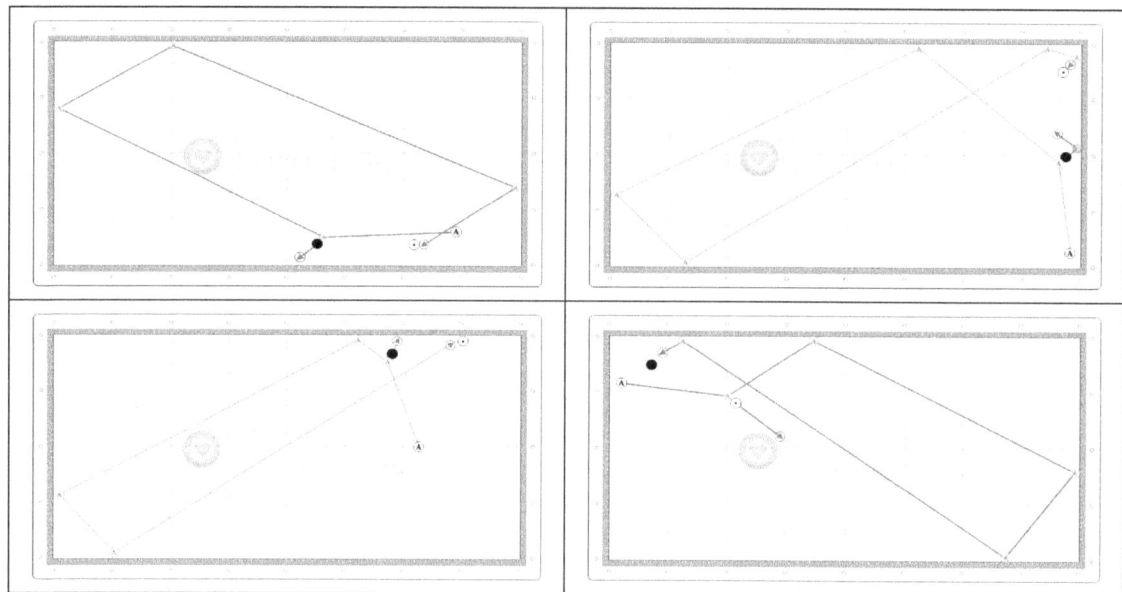

Analisi:

C:1a. _____

C:1b. _____

C:1c. _____

C:1d. _____

C:1a – Impostare

Note e idee:

Modello di colpo

C:1b – Impostare

Note e idee:

Modello di colpo

C:1c – Impostare

Note e idee:

Modello di colpo

C:1d – Impostare

Note e idee:

Modello di colpo

C: Gruppo 2

Analisi:

C:2a. _____

C:2b. _____

C:2c. _____

C:2d. _____

C:2a – Impostare

Note e idee:

Modello di colpo

C:2b – Impostare

Note e idee:

Modello di colpo

C:2c – Impostare

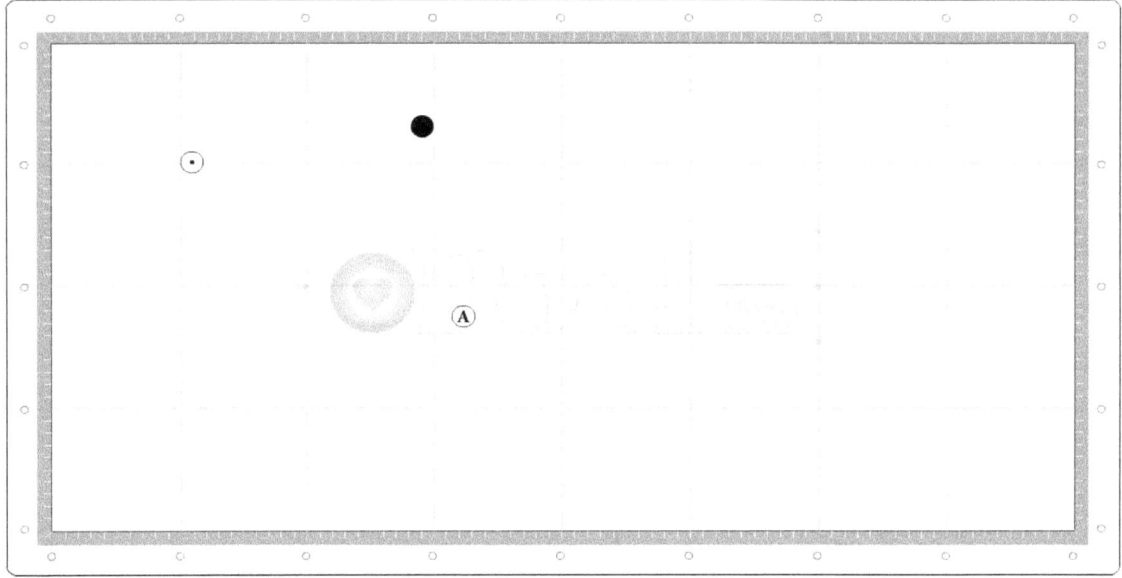

Note e idee:

Modello di colpo

Carambola tre sponde: Modelli diagonali da angoli ad angoli

C:2d – Impostare

Note e idee:

Modello di colpo

C: Gruppo 3

Analisi:

C:3a. _____

C:3b. _____

C:3c. _____

C:3d. _____

C:3a – Impostare

Note e idee:

Modello di colpo

C:3b – Impostare

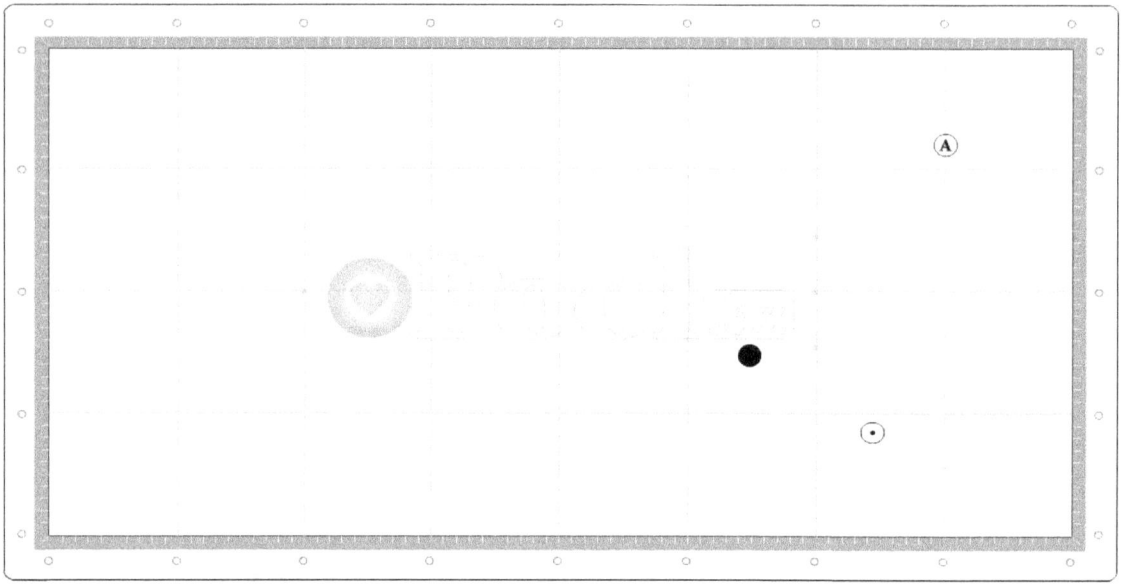

Note e idee:

Modello di colpo

C:3c – Impostare

Note e idee:

Modello di colpo

C:3d – Impostare

Note e idee:

Modello di colpo

Carambola tre sponde: Modelli diagonali da angoli ad angoli

C: Gruppo 4

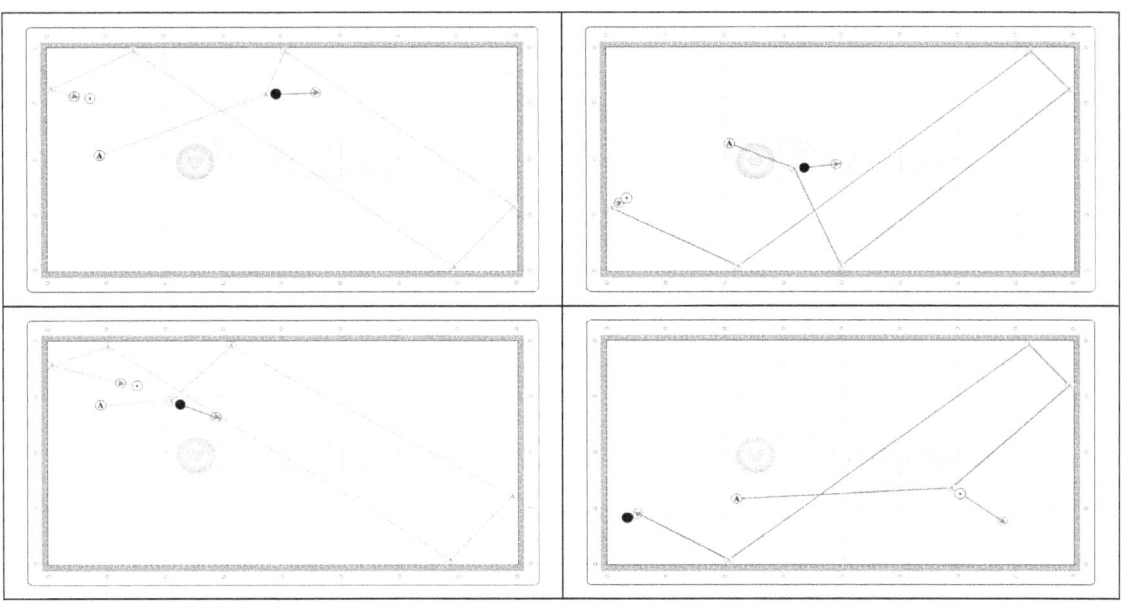

Analisi:

C:4a. _____

C:4b. _____

C:4c. _____

C:4d. _____

C:4a – Impostare

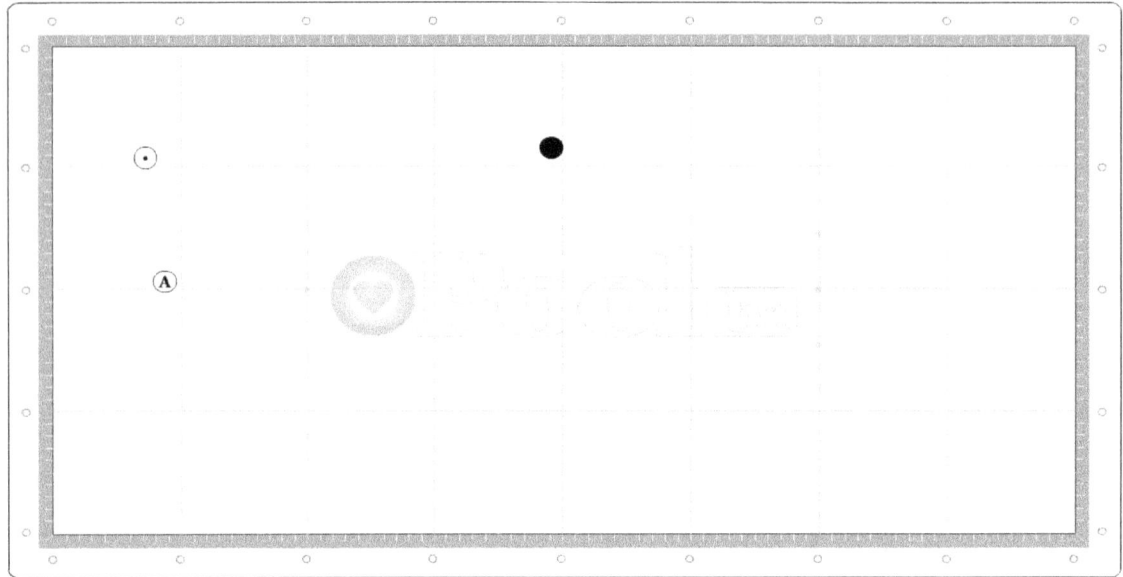

Note e idee:

Modello di colpo

C:4b – Impostare

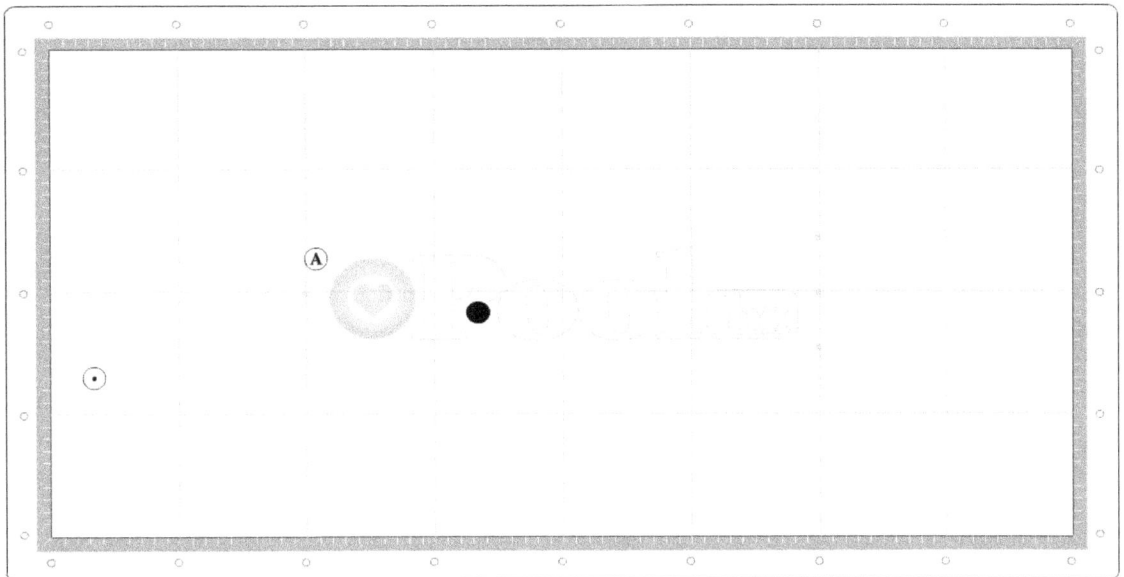

Note e idee:

Modello di colpo

C:4c – Impostare

Note e idee:

Modello di colpo

C:4d – Impostare

Note e idee:

Modello di colpo

C: Gruppo 5

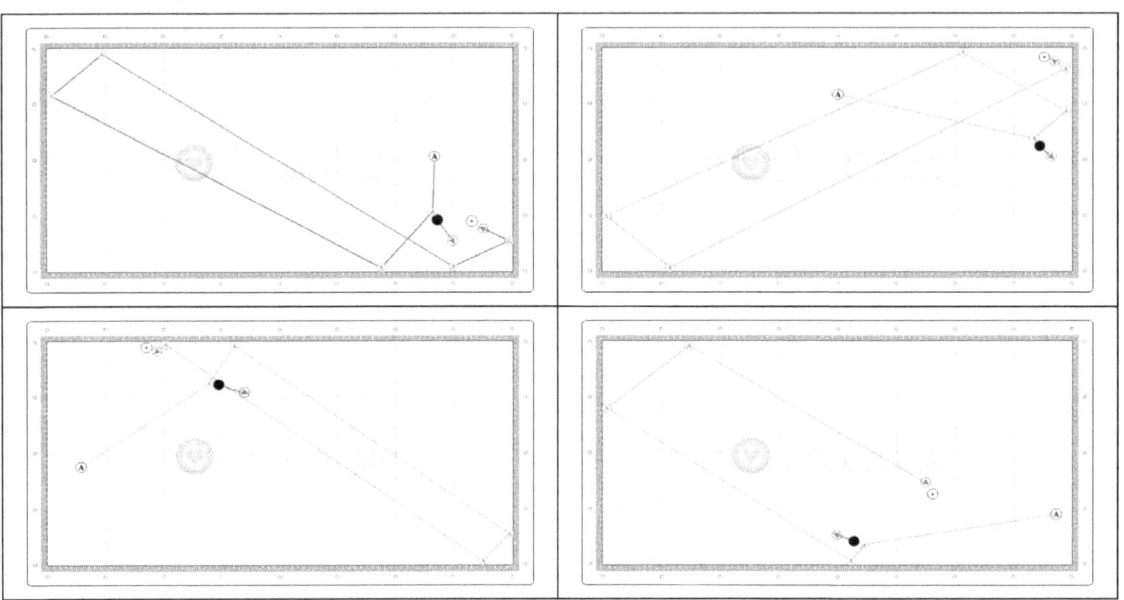

Analisi:

C:5a. _____

C:5b. _____

C:5c. _____

C:5d. _____

C:5a – Impostare

Note e idee:

Modello di colpo

C:5b – Impostare

Note e idee:

Modello di colpo

C:5c – Impostare

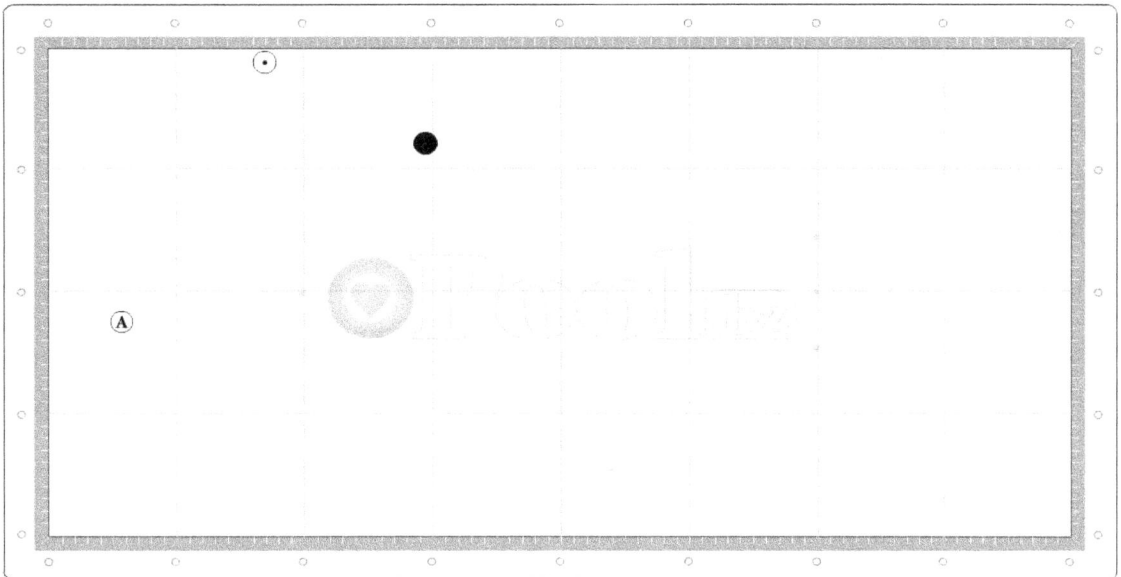

Note e idee:

Modello di colpo

C:5d – Impostare

Note e idee:

Modello di colpo

D: Doppia diagonale

Il (CB) esce dal primo (OB) in uno degli angoli. Viene fuori e si dirige all'angolo opposto. I percorsi in entrata e in uscita non sono paralleli.

Ⓐ (CB) (la tua palla) - ⊙ (OB) (palla dell'avversario) - ● (OB) (palla rossa)

D: Gruppo 1

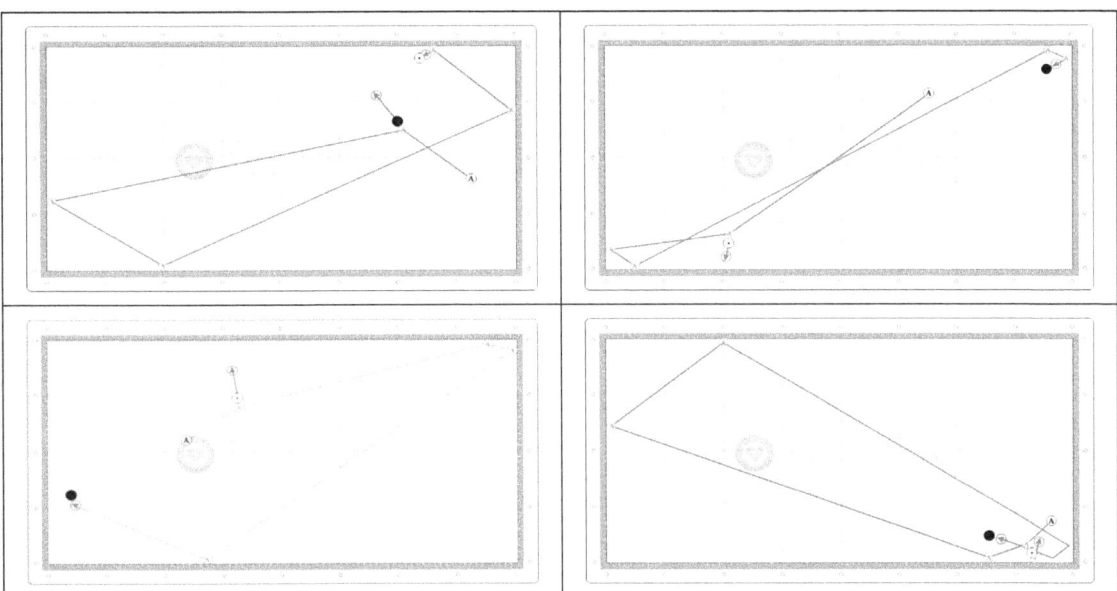

Analisi:

D:1a. _____

D:1b. _____

D:1c. _____

D:1d. _____

D:1a – Impostare

Note e idee:

Modello di colpo

D:1b – Impostare

Note e idee:

Modello di colpo

D:1c – Impostare

Note e idee:

Modello di colpo

D:1d – Impostare

Note e idee:

Modello di colpo

D: Gruppo 2

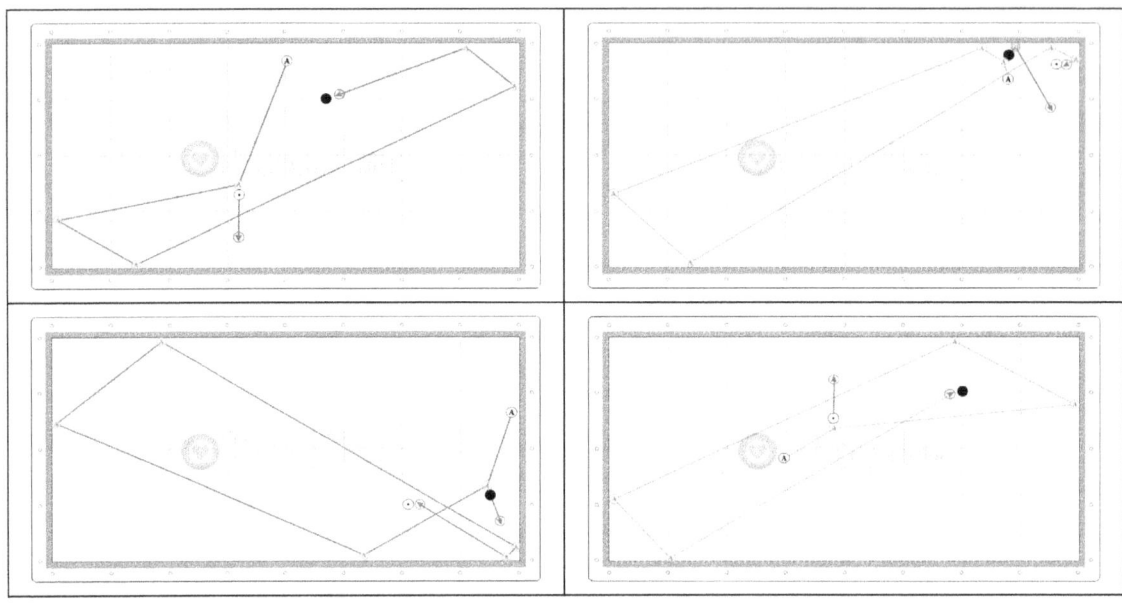

Analisi:

D:2a. _____

D:2b. _____

D:2c. _____

D:2d. _____

D:2a – Impostare

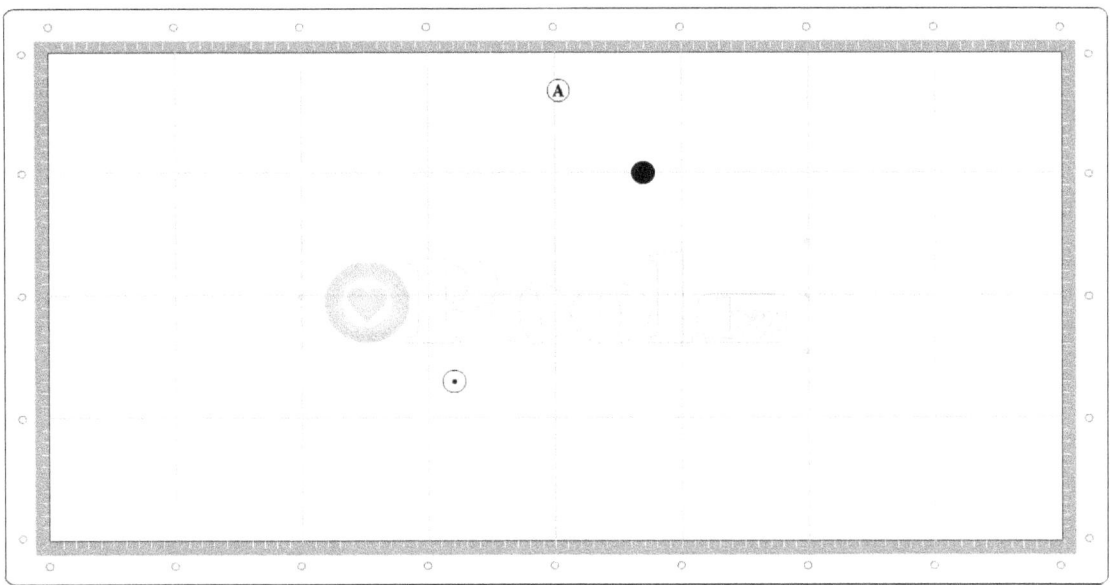

Note e idee:

Modello di colpo

D:2b – Impostare

Note e idee:

Modello di colpo

D:2c – Impostare

Note e idee:

Modello di colpo

D:2d – Impostare

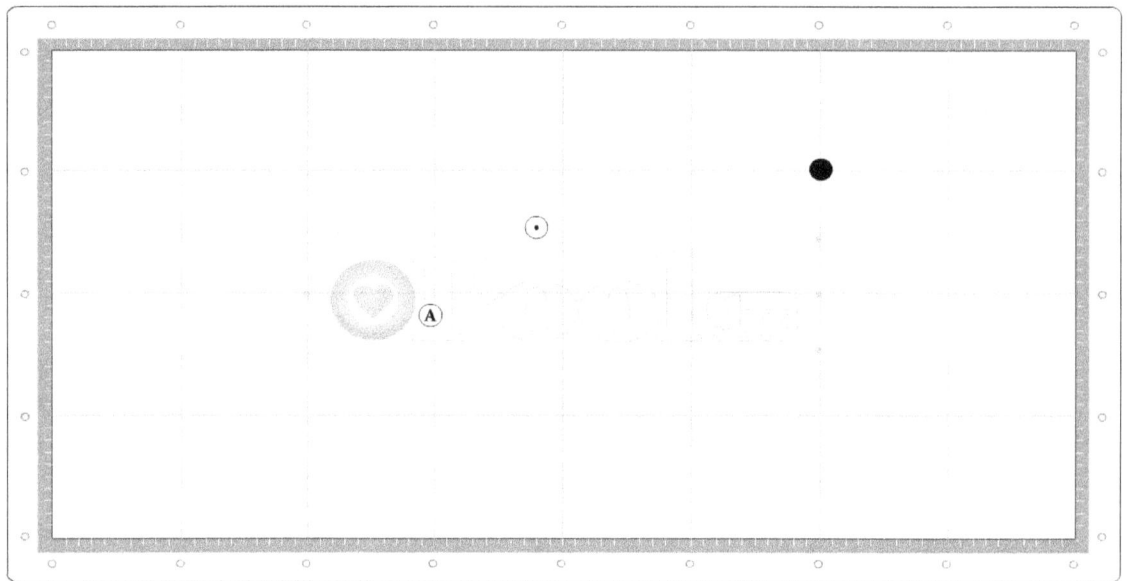

Note e idee:

Modello di colpo

D: Gruppo 3

Analisi:

D:3a. _____

D:3b. _____

D:3c. _____

D:3d. _____

D:3a – Impostare

Note e idee:

Modello di colpo

D:3b – Impostare

Note e idee:

Modello di colpo

D:3c – Impostare

Note e idee:

Modello di colpo

D:3d – Impostare

Note e idee:

Modello di colpo

D: Gruppo 4

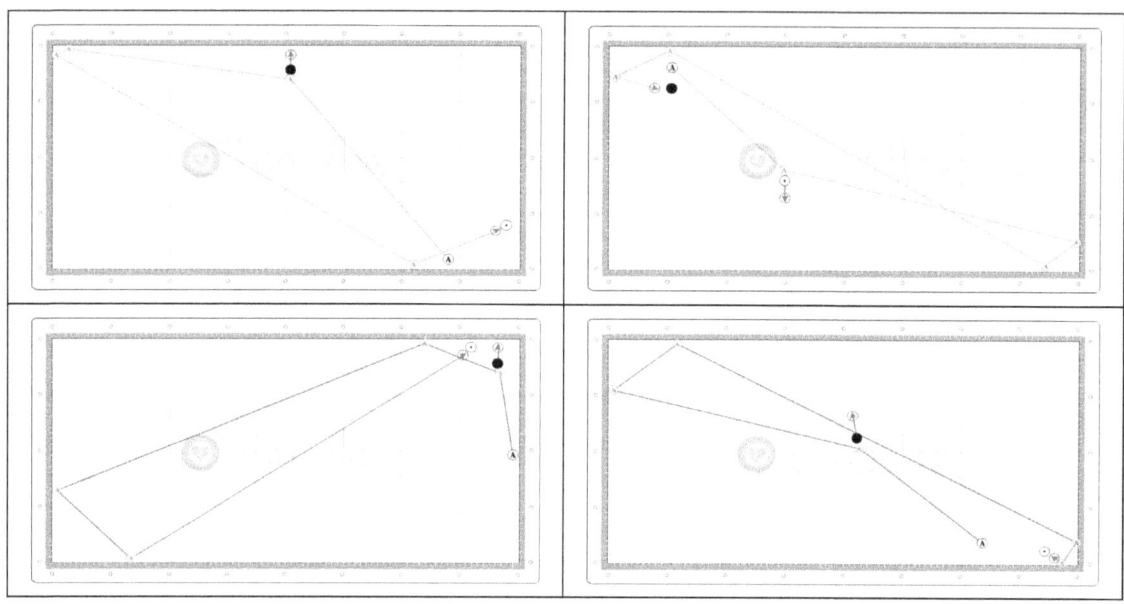

Analisi:

D:4a. _____

D:4b. _____

D:4c. _____

D:4d. _____

D:4a – Impostare

Note e idee:

Modello di colpo

D:4b – Impostare

Note e idee:

Modello di colpo

D:4c – Impostare

Note e idee:

Modello di colpo

D:4d – Impostare

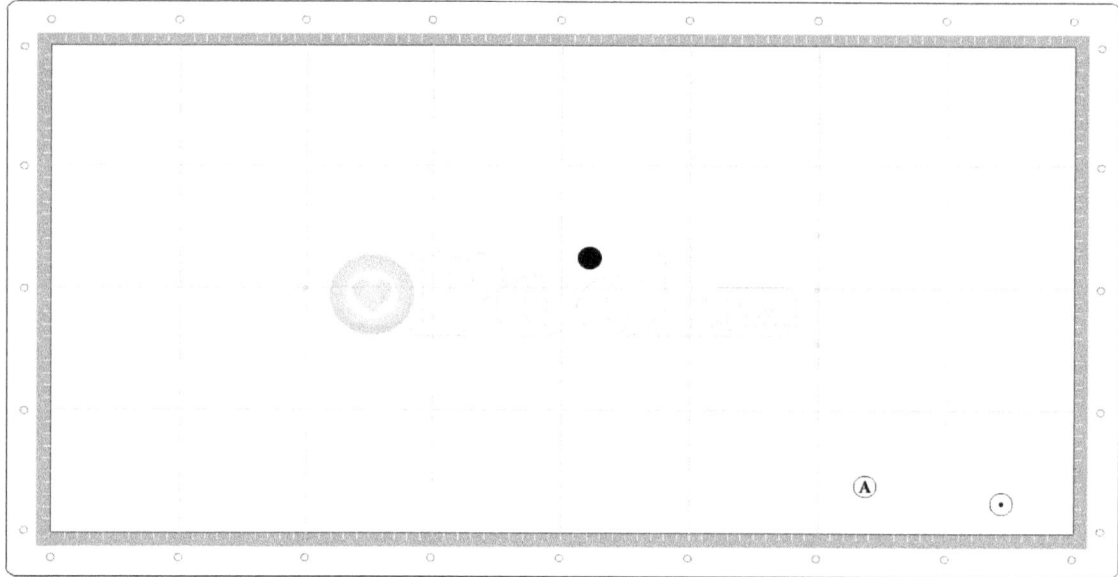

Note e idee:

Modello di colpo

D: Gruppo 5

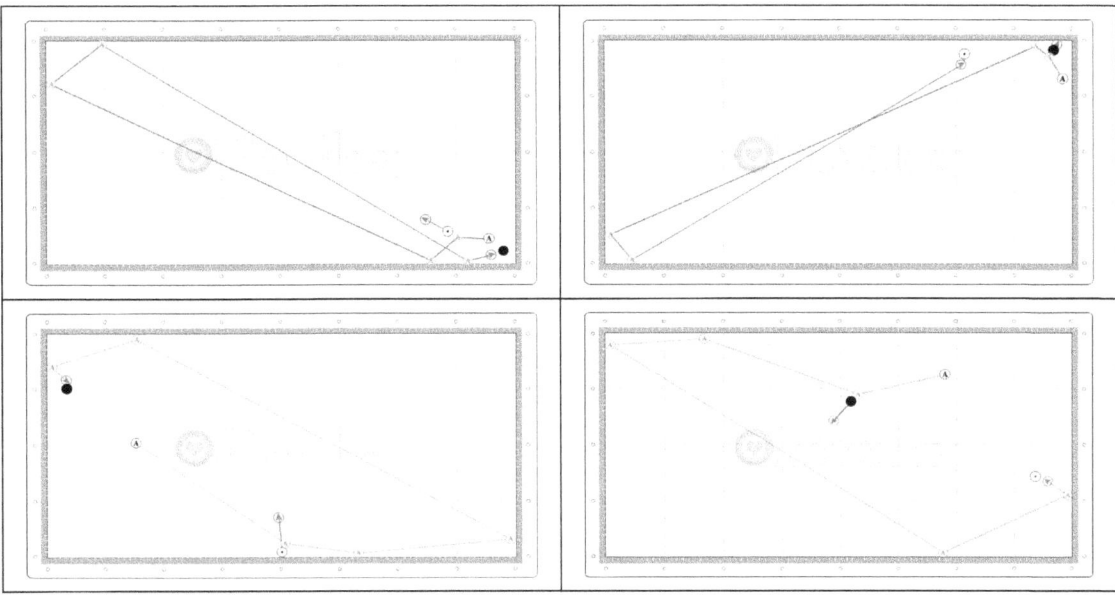

Analisi:

D:5a. _____

D:5b. _____

D:5c. _____

D:5d. _____

D:5a – Impostare

Note e idee:

Modello di colpo

D:5b – Impostare

Note e idee:

Modello di colpo

D:5c – Impostare

Note e idee:

Modello di colpo

D:5d – Impostare

Note e idee:

Modello di colpo

D: Gruppo 6

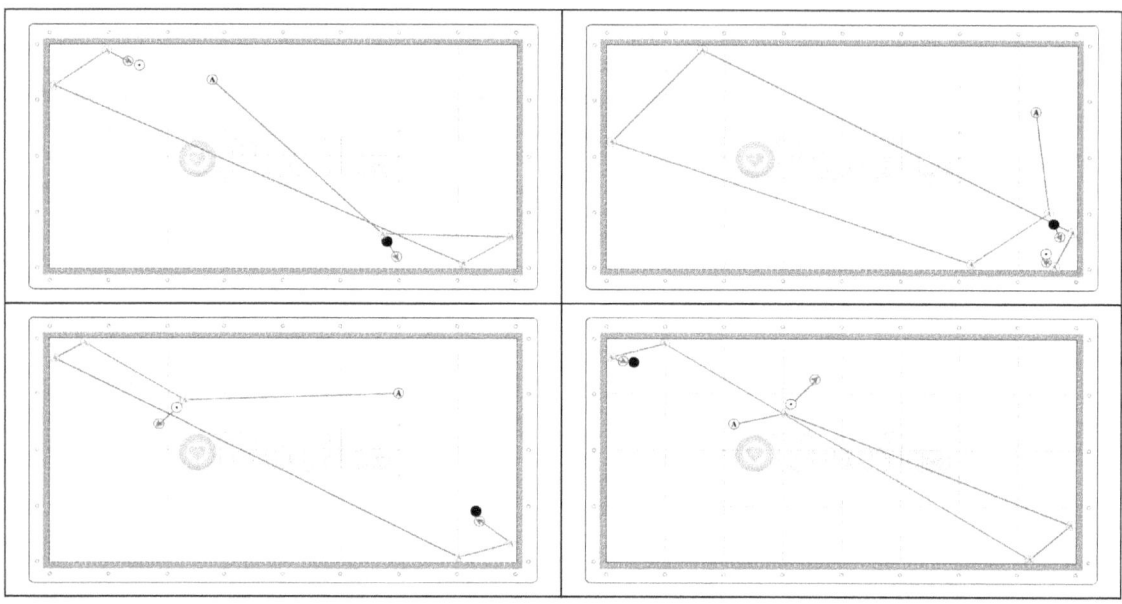

Analisi:

D:6a. _____

D:6b. _____

D:6c. _____

D:6d. _____

D:6a – Impostare

Note e idee:

Modello di colpo

D:6b – Impostare

Note e idee:

Modello di colpo

D:6c – Impostare

Note e idee:

Modello di colpo

D:6d – Impostare

Note e idee:

Modello di colpo

D: Gruppo 7

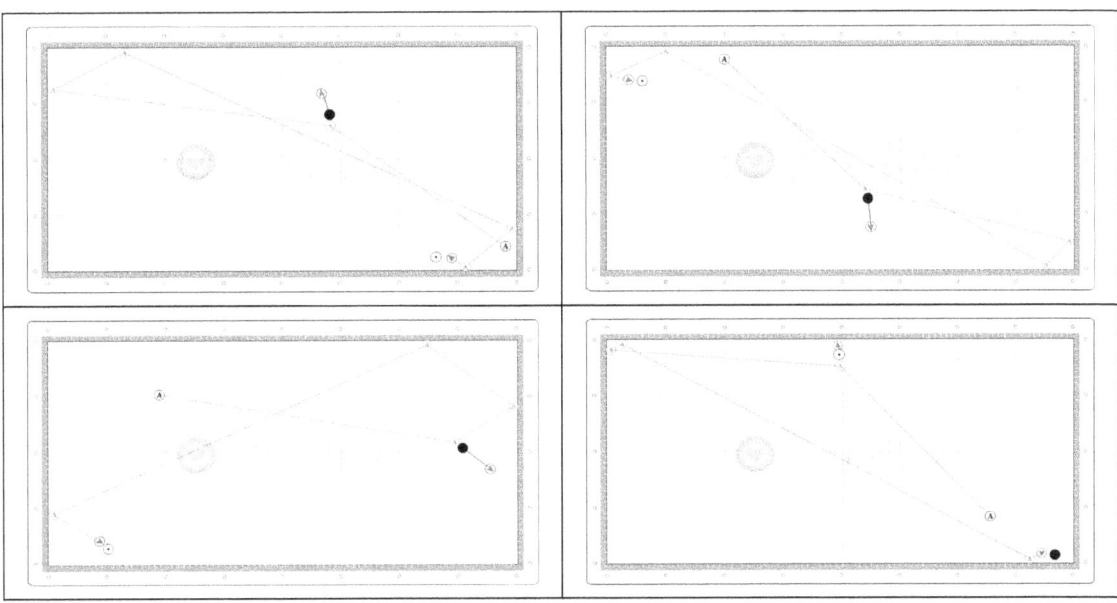

Analisi:

D:7a. _____

D:7b. _____

D:7c. _____

D:7d. _____

D:7a – Impostare

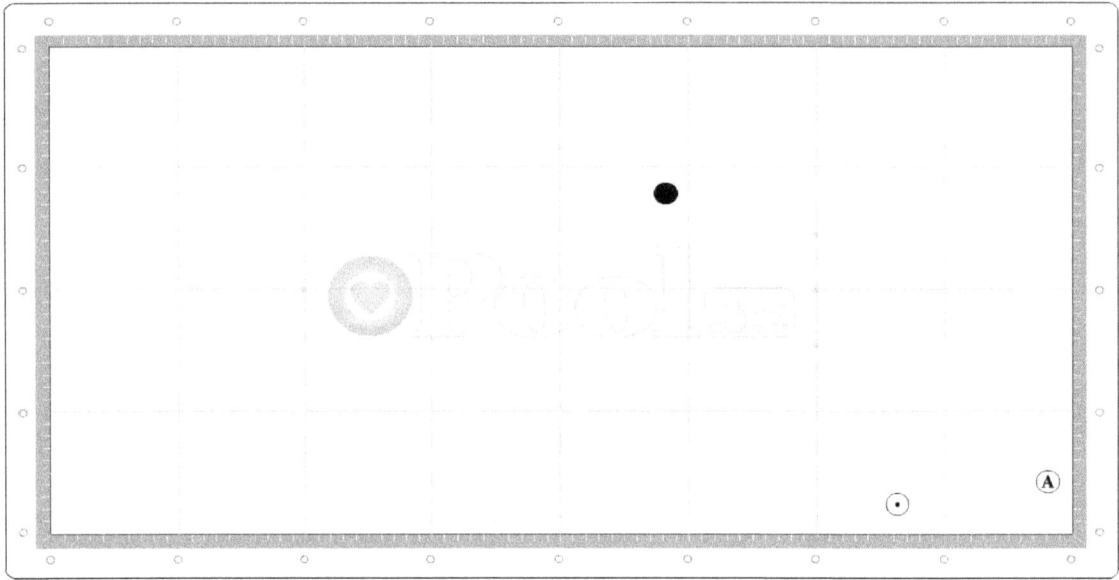

Note e idee:

Modello di colpo

D:7b – Impostare

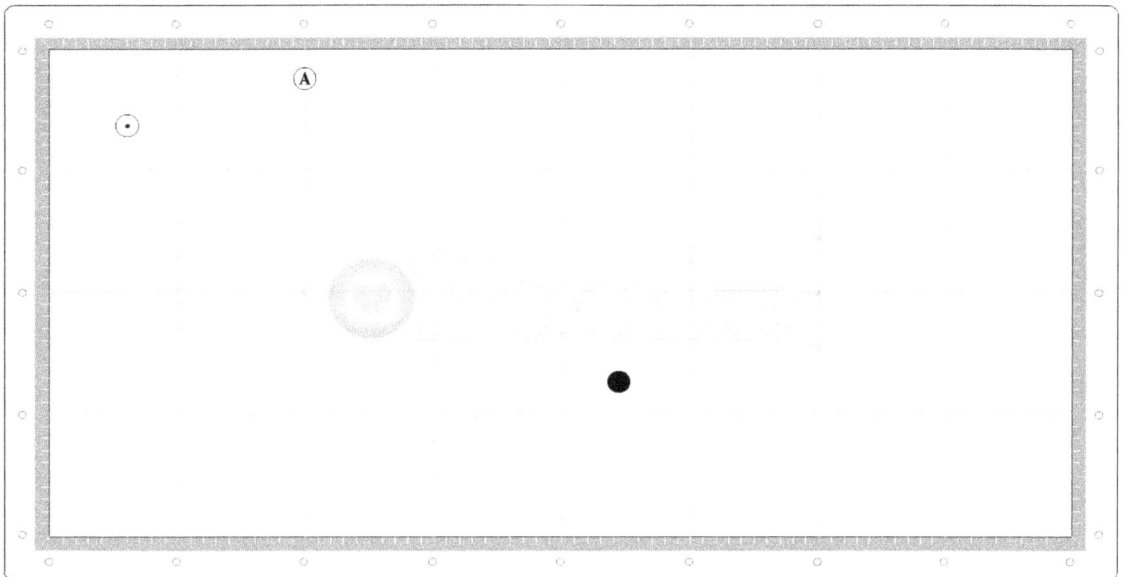

Note e idee:

Modello di colpo

D:7c – Impostare

Note e idee:

Modello di colpo

D:7d – Impostare

Note e idee:

Modello di colpo

E: Doppia diagonale (modificata)

Il (CB) si stacca dal primo (OB) e inizia il modello diagonale. Il (CB) va nell'angolo e poi ritorna su un percorso diagonale per entrare in contatto con l'altro (OB).

(A) (CB) (la tua palla) - (·) (OB) (palla dell'avversario) - ● (OB) (palla rossa)

E: Gruppo 1

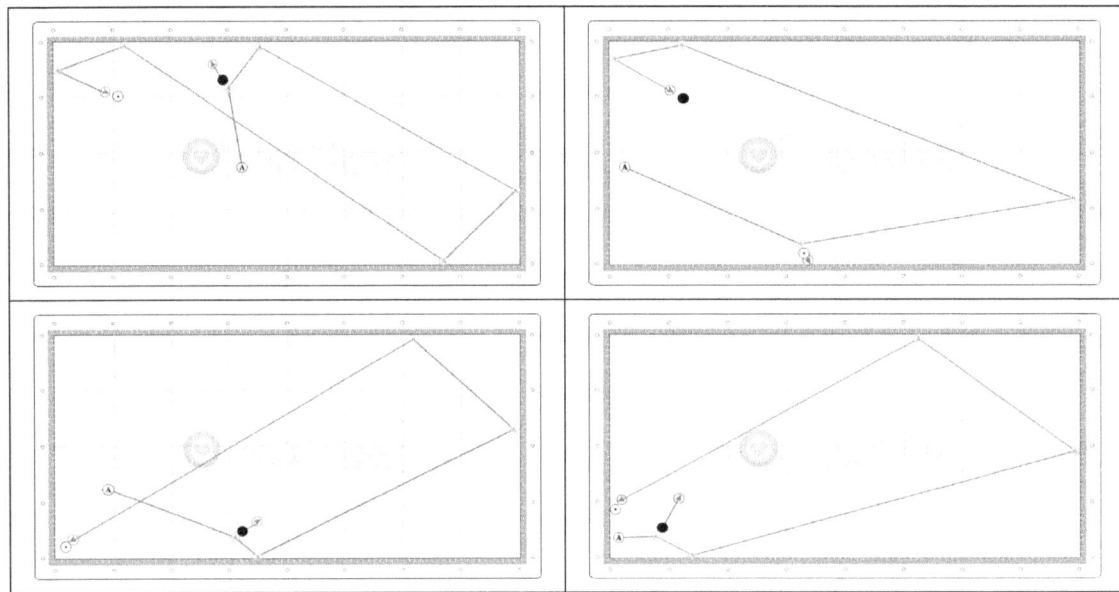

Analisi:

E:1a. _____

E:1b. _____

E:1c. _____

E:1d. _____

E:1a – Impostare

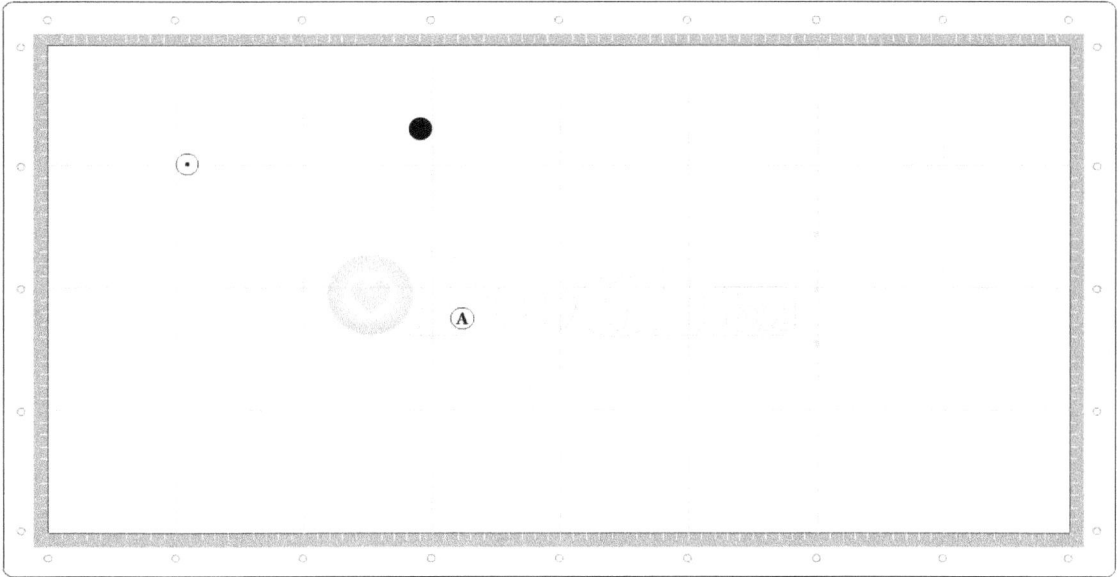

Note e idee:

Modello di colpo

E:1b – Impostare

Note e idee:

Modello di colpo

E:1c – Impostare

Note e idee:

Modello di colpo

E:1d – Impostare

Note e idee:

Modello di colpo

E: Gruppo 2

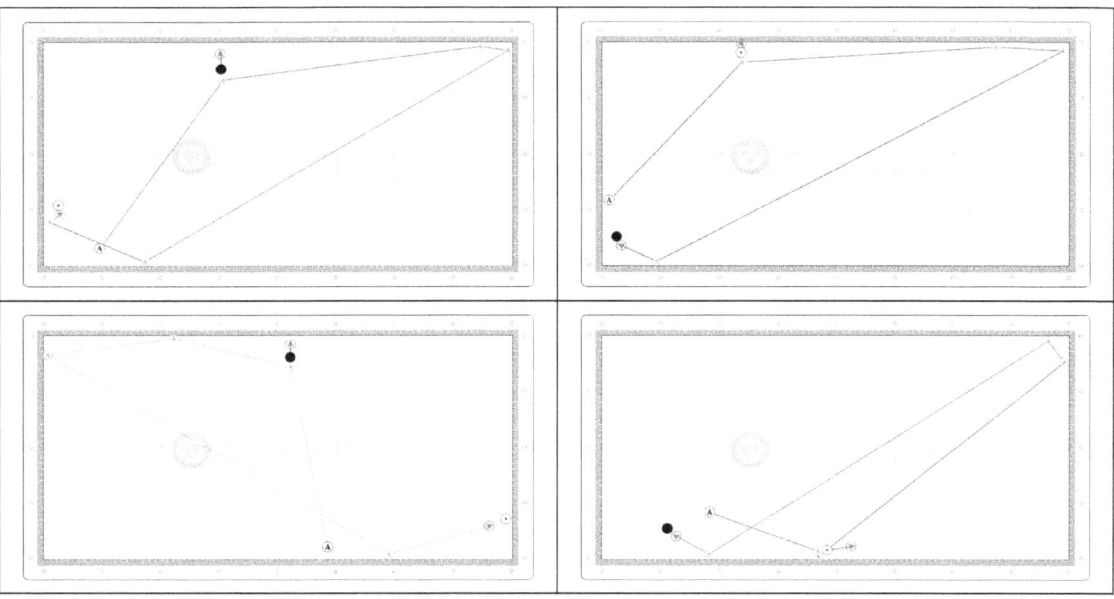

Analisi:

E:2a. _____

E:2b. _____

E:2c. _____

E:2d. _____

E:2a – Impostare

Note e idee:

Modello di colpo

E:2b – Impostare

Note e idee:

Modello di colpo

E:2c – Impostare

Note e idee:

Modello di colpo

E:2d – Impostare

Note e idee:

Modello di colpo

E: Gruppo 3

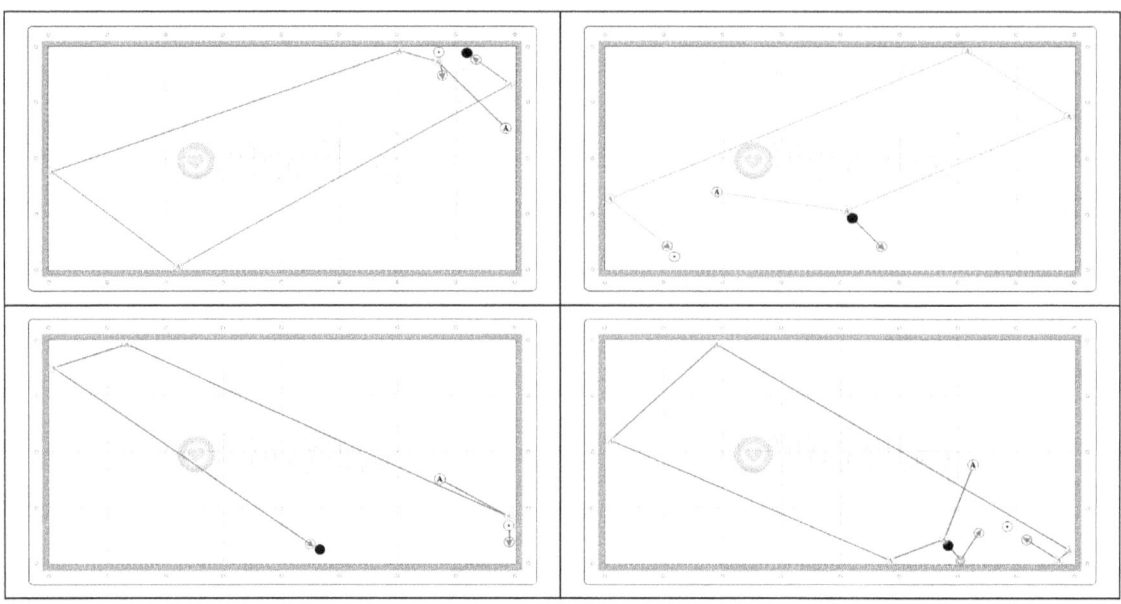

Analisi:

E:3a. _____

E:3b. _____

E:3c. _____

E:3d. _____

E:3a – Impostare

Note e idee:

Modello di colpo

E:3b – Impostare

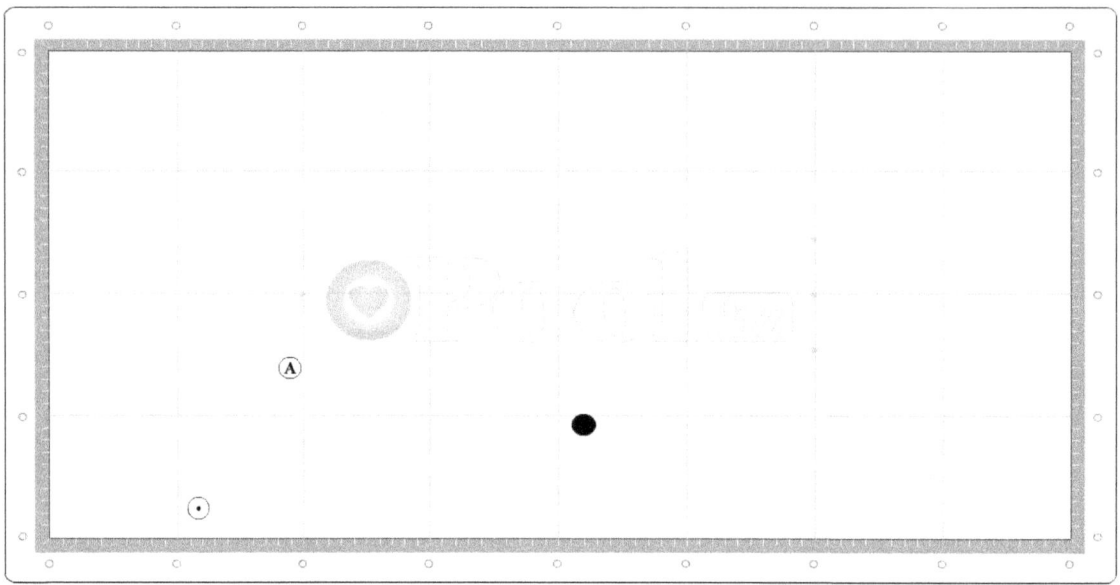

Note e idee:

Modello di colpo

E:3c – Impostare

Note e idee:

Modello di colpo

E:3d – Impostare

Note e idee:

Modello di colpo

E: Gruppo 4

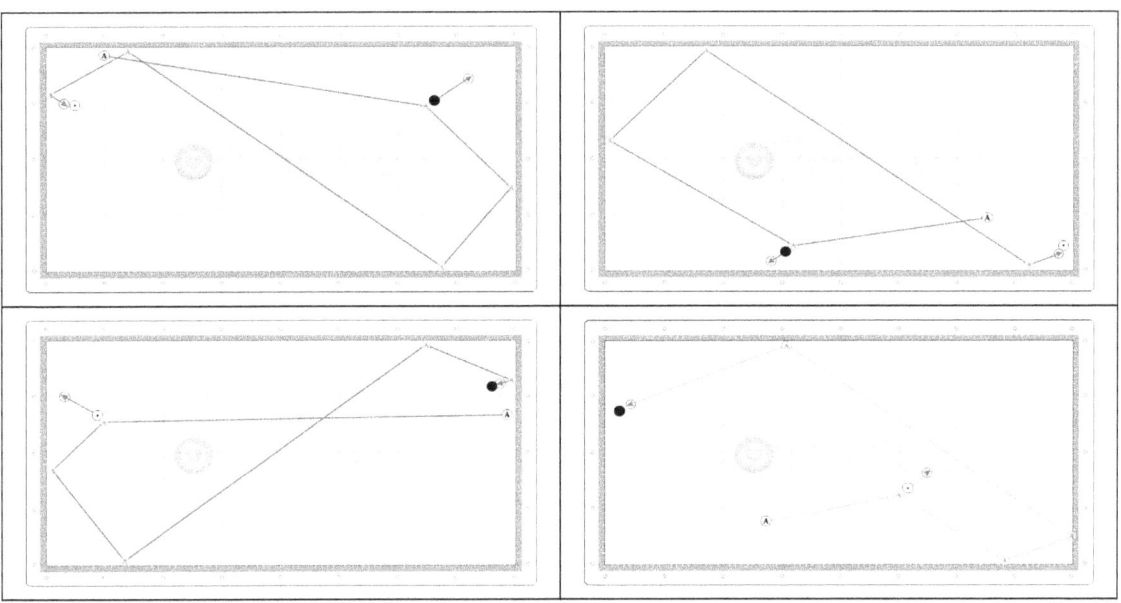

Analisi:

E:4a. _____

E:4b. _____

E:4c. _____

E:4d. _____

E:4a – Impostare

Note e idee:

Modello di colpo

E:4b – Impostare

Note e idee:

Modello di colpo

E:4c – Impostare

Note e idee:

Modello di colpo

E:4d – Impostare

Note e idee:

Modello di colpo

E: Gruppo 5

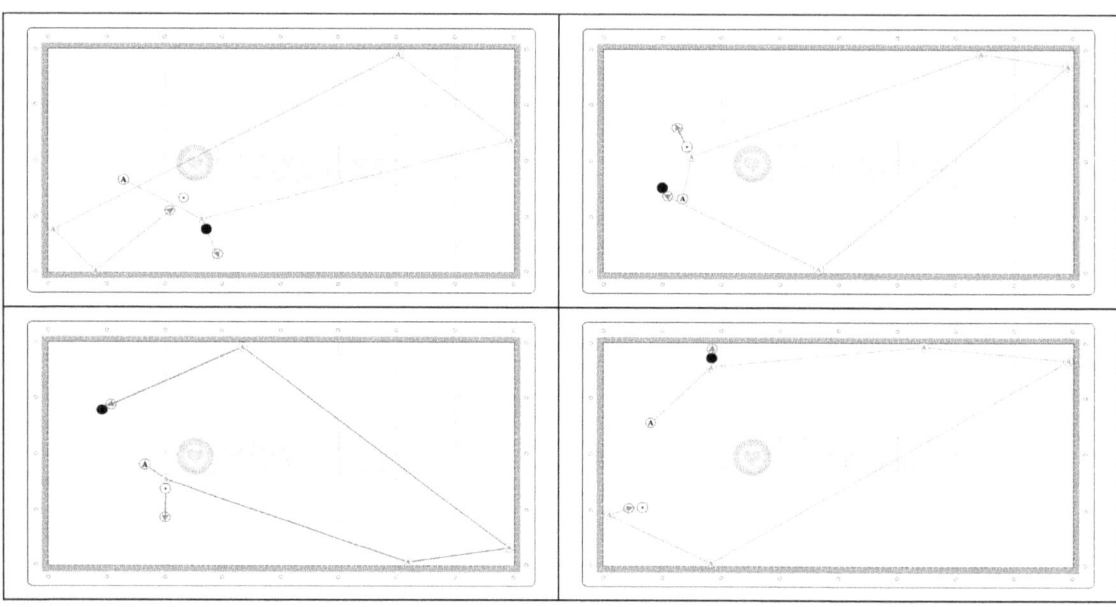

Analisi:

E:5a. _____

E:5b. _____

E:5c. _____

E:5d. _____

E:5a – Impostare

Note e idee:

Modello di colpo

E:5b – Impostare

Note e idee:

Modello di colpo

E:5c – Impostare

Note e idee:

Modello di colpo

E:5d – Impostare

Note e idee:

Modello di colpo

E: Gruppo 6

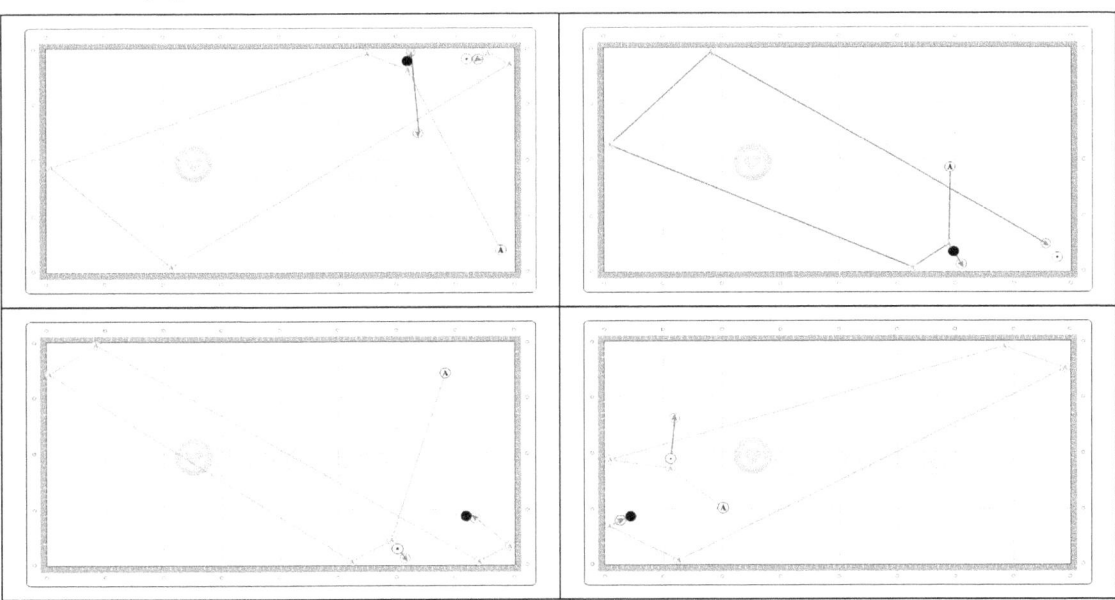

Analisi:

E:6a. _____

E:6b. _____

E:6c. _____

E:6d. _____

E:6a – Impostare

Note e idee:

Modello di colpo

E:6b – Impostare

Note e idee:

Modello di colpo

E:6c – Impostare

Note e idee:

Modello di colpo

E:6d – Impostare

Note e idee:

Modello di colpo

F: Tripla diagonale

Il (CB) si stacca dal primo (OB) e quindi entra nel modello diagonale. Queste sono soluzioni interessanti perché la (CB) si muove su e giù per il tavolo tre volte.

Ⓐ (CB) (la tua palla) - ⊙ (OB) (palla dell'avversario) - ● (OB) (palla rossa)

F: Gruppo 1

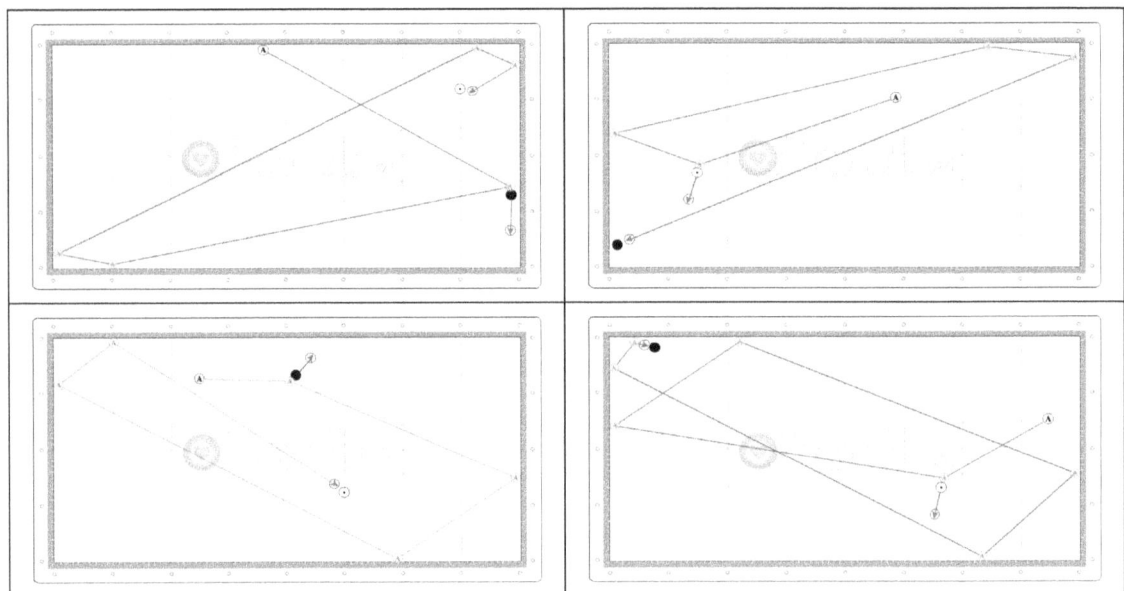

Analisi:

F:1a. _____

F:1b. _____

F:1c. _____

F:1d. _____

F:1a – Impostare

Note e idee:

Modello di colpo

F:1b – Impostare

Note e idee:

Modello di colpo

F:1c – Impostare

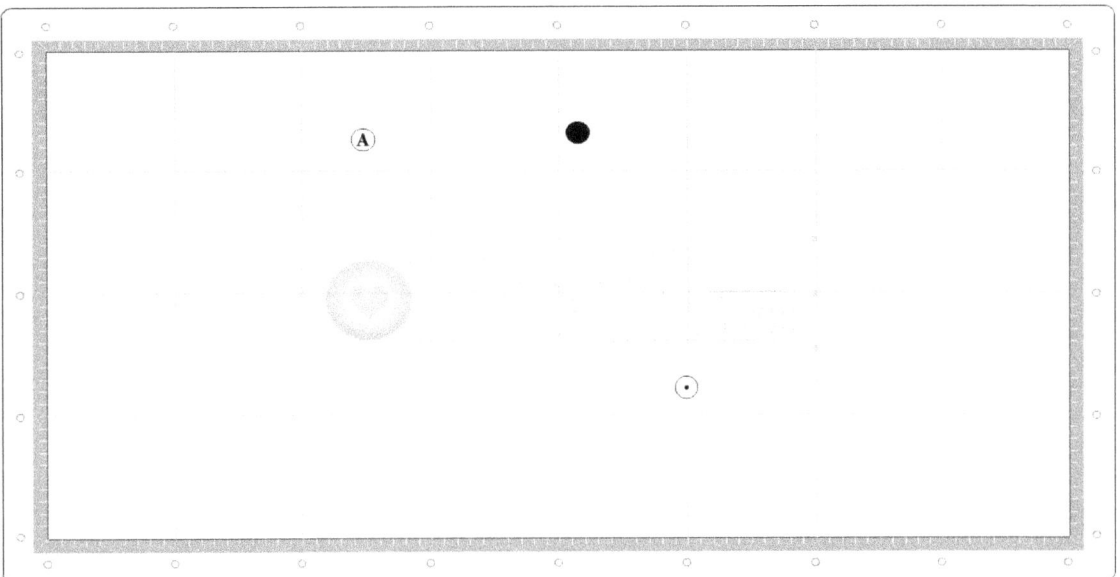

Note e idee:

Modello di colpo

F:1d – Impostare

Note e idee:

Modello di colpo

F: Gruppo 2

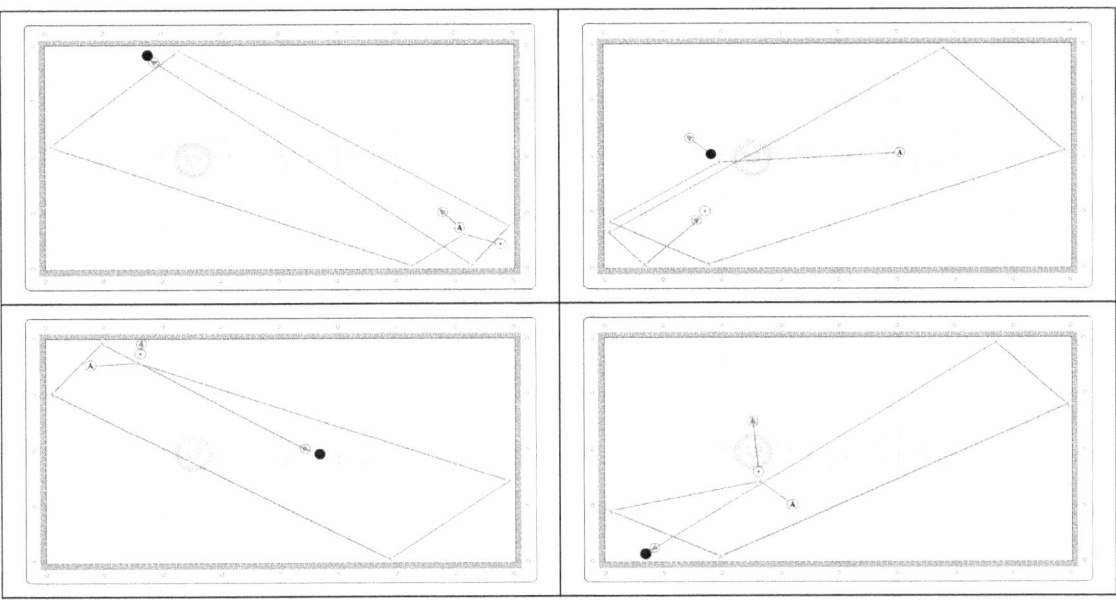

Analisi:

F:2a. _____

F:2b. _____

F:2c. _____

F:2d. _____

F:2a – Impostare

Note e idee:

Modello di colpo

F:2b – Impostare

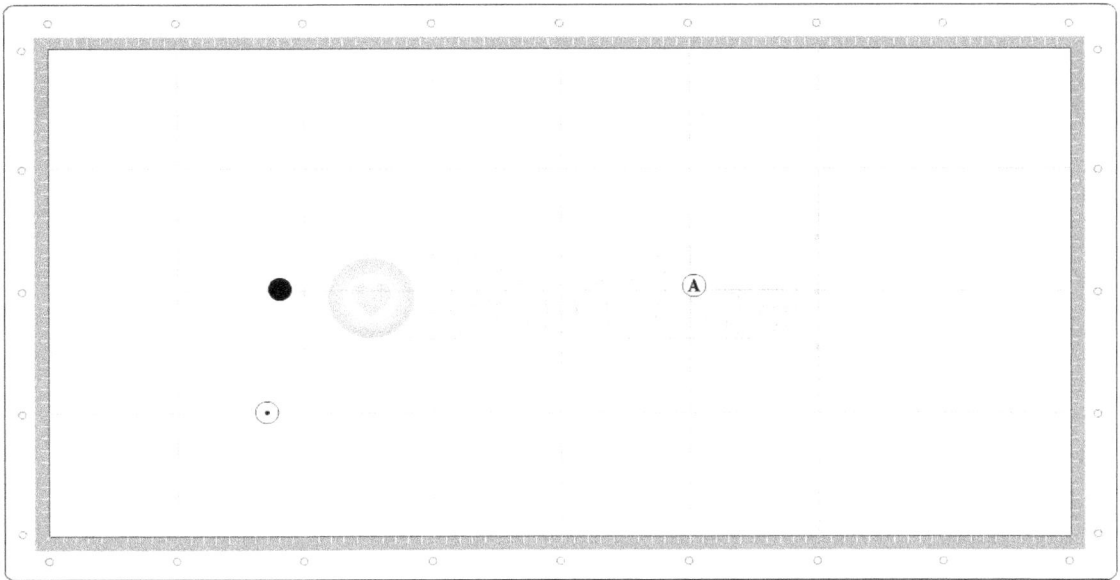

Note e idee:

Modello di colpo

F:2c – Impostare

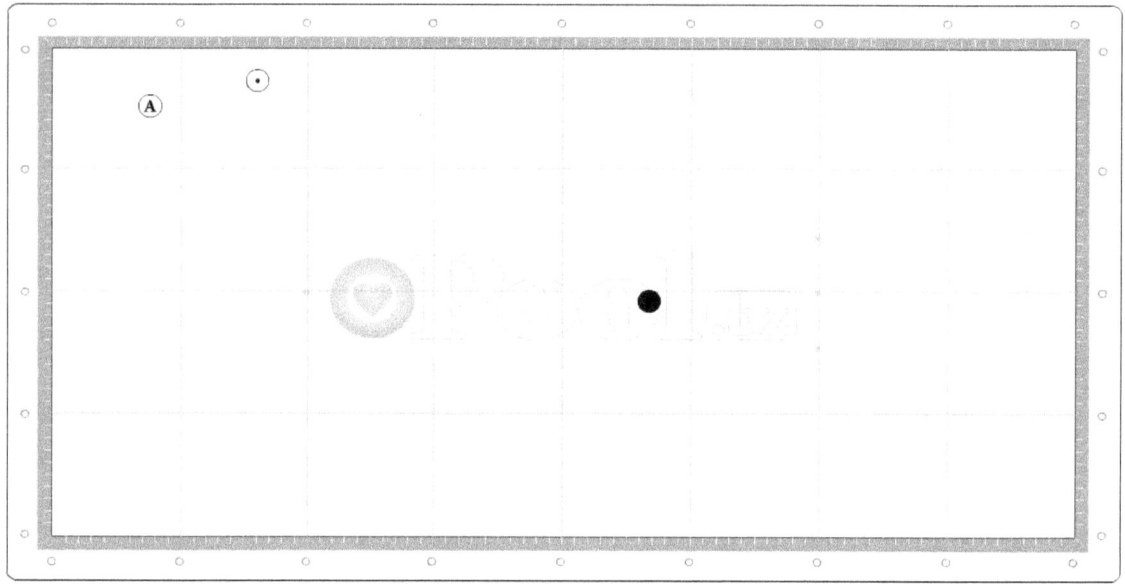

Note e idee:

Modello di colpo

F:2d – Impostare

Note e idee:

Modello di colpo

F: Gruppo 3

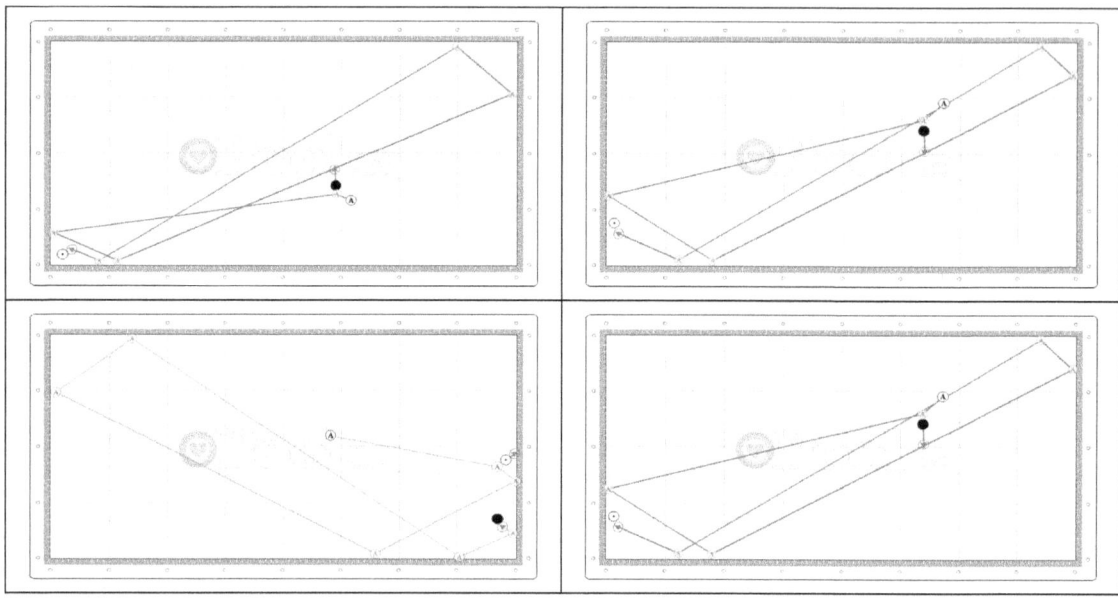

Analisi:

F:3a. _____

F:3b. _____

F:3c. _____

F:3d. _____

f:3a – Impostare

Note e idee:

Modello di colpo

F31b – Impostare

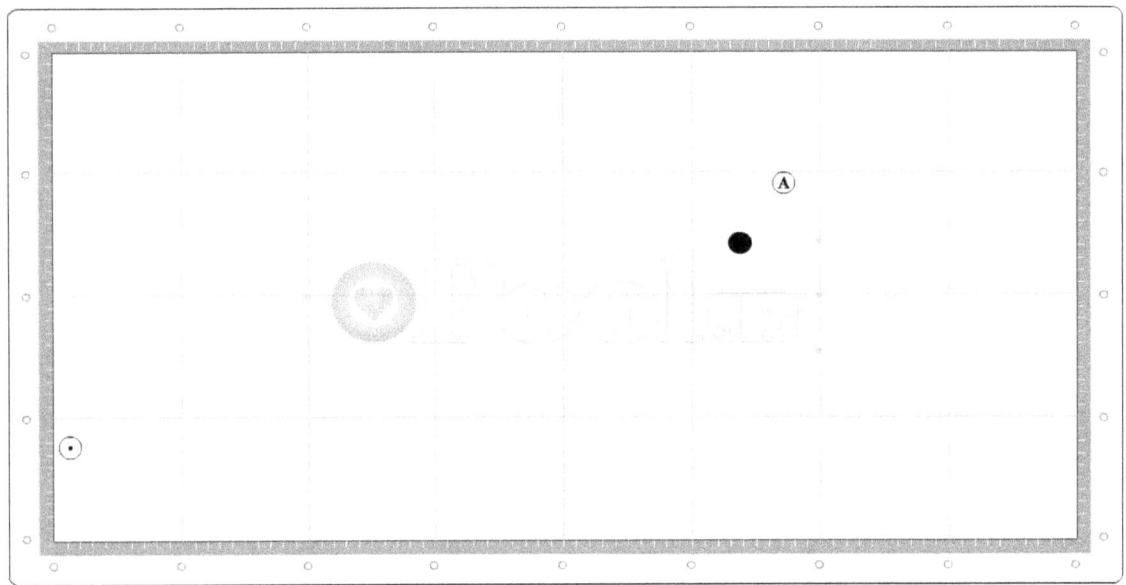

Note e idee:

Modello di colpo

F:3c – Impostare

Note e idee:

Modello di colpo

F:3d – Impostare

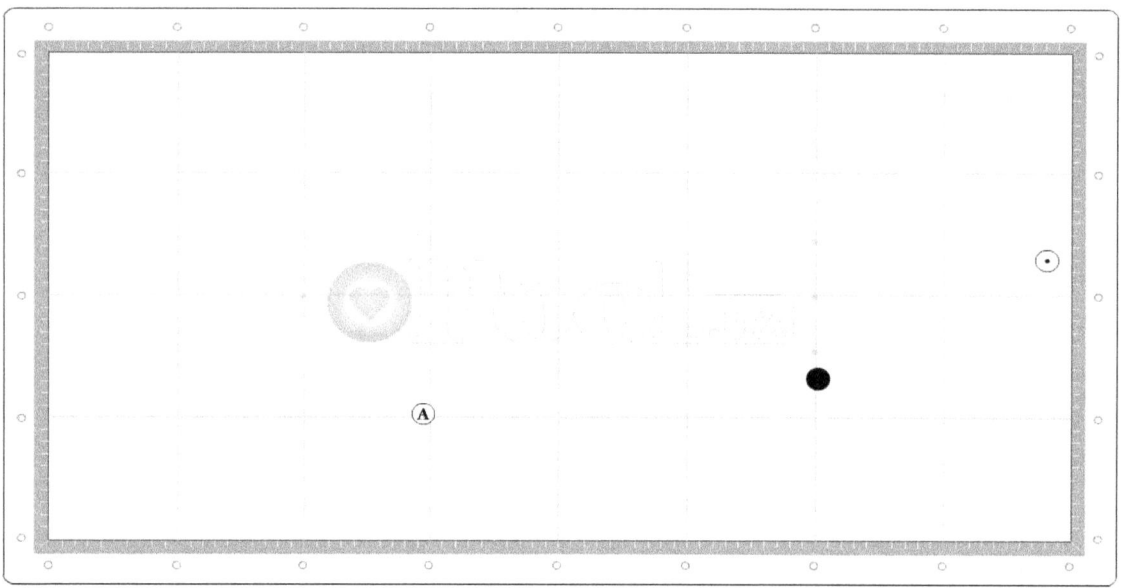

Note e idee:

Modello di colpo

www.ingramcontent.com/pod-product-compliance
Lightning Source LLC
Chambersburg PA
CBHW080052190426
43201CB00035B/2217